kailash

ULRICH DUPRÉE
ANDREA BRUCHACOVA

KŪKULU KUMUHANA

DAS WUNDER DER SEGNUNG

kailash

Die hier vorgestellten Informationen und Heilmethoden sind nach bestem Wissen und Gewissen geprüft, dennoch übernehmen die Autoren und der Verlag keinerlei Haftung für Schäden irgendeiner Art, die sich direkt oder indirekt aus dem Gebrauch dieser Informationen oder Heilmethoden ergeben.

MIX
Papier aus verantwortungsvollen Quellen
FSC® C084279

Verlagsgruppe Random House FSC® N001967
Das für dieses Buch verwendete FSC®-zertifizierte Papier *Tauro* liefert Papier Union.

1. Auflage
Originalausgabe Dezember 2014

Lektorat: Birgit Groll
Umschlaggestaltung und Innenlayout:
ki 36, Sabine Krohberger Editorial Design, München
Covermotiv: Vince Cavataio/Getty Images
Satz: EDV-Fotosatz Huber/Verlagsservice G. Pfeifer, Germering
Druck und Bindung: Print Consult, München
Printed in Slovak Republic
ISBN 978-3-424-63098-5

www.kailash-verlag.de

In Dankbarkeit widmen wir dieses Buch
unserer hawaiianischen Lehrerin
Haleaka Iolani Pule
und unserem Huna-Lehrer
Dr. Diethard Stelzl

INHALT

TEIL II

TEIL III

ANHANG

PROLOG – DAS ABENTEUER BEGINNT

Wir beglückwünschen Sie, dieses Buch mit einem solch besonderen Titel und solch machtvollem Inhalt gekauft zu haben:
Kūkulu Kumuhana.
Kūkulu Kumuhana ist der hawaiianische Begriff für die zielgerichteten guten Wünsche einer Familie, eines Stammes oder einer Gruppe, und das können auch die der Freunde, der Arbeitskollegen und ganz allgemein die guten Wünsche einer Wahlfamilie sein. Kūkulu Kumuhana ist die vereinte und vereinende spirituelle Kraft, der mächtige Segen, der einmal ausgesprochen unausweichlich zur Erfüllung drängt. Dieser Segen gehört zu jener Urkraft Ihres Herzens, welche die Hawaiianer Mana, Energie und Lebenskraft nennen. Seit den Anfängen der Menschheit ist das Segnen eine erfolgreich praktizierte Methode, die Realität und die Zukunft zu gestalten, um Einfluss zu nehmen, sich zu bedanken, die Verbindung mit der Urquelle allen Seins zu erfahren sowie sich selbst und andere zu Wohlstand und Gesundheit zu führen.
Indem man sich als Teil eines wundervollen kosmischen Ganzen verstand, eingebunden in die Zyklen der Natur, und sich dankbar vor Mutter Erde verneigte, gab es keine Arbeit, keine Reise, kein Unternehmen, ohne zuvor den Segen der Älteren (der Eltern) und Ahnen, den Segen der Lehrer und den Segen Gottes zu erbitten. In allen Kulturen suchten und suchen noch heute die Meister nach ganz beson-

deren Segnungen – warum? Welche verborgene Kraft und welche Geheimnisse liegen hinter solch außerordentlichen Segnungen und guten Wünschen großer Weiser? Wer kann segnen und wer erhält die Segnungen? Welche Fähigkeiten müssen Sie erlangen, um selbst kraftvoll segnen zu können, und welche Qualitäten müssen Sie eventuell aufweisen, um Segnungen zu empfangen? Auf all diese Fragen werden Sie hier eine Antwort finden.

Dieses Buch besteht aus drei Teilen, ähnlich einer Torte mit einem leckeren Boden, in der Mitte vielleicht eine Creme und darüber Früchte oder Sahne – ganz nach Belieben. Im ersten Teil erhalten Sie das grundlegende Verständnis über Kūkulu Kumuhana, und wir begleiten Sie dabei mit praktischen Übungen, um die gewonnenen Erkenntnisse sofort erfahrbar zu machen. Ein kleiner Collegeblock wäre dafür ganz praktisch. Wir beschreiben den Begriff Ohana (Familie, Stamm) und Sie können eine Art Standortbestimmung machen, in welcher Wahlfamilie Sie leben. Schließlich lernen Sie noch die Werte kennen, an welchen sich Gruppen orientieren und an welchen sie sich unterscheiden.

Kūkulu Kumuhana ist ein Teil von Ho'oponopono, einer effektiven Methode, um Konflikte zu lösen und damit Beziehungen zu heilen. Dieses Ho'oponopono gilt als die Schlussfolgerung von Huna – ein Begriff, der die schamanische Tradition Hawaiis beschreibt. Wir erklären in den folgenden Kapiteln sowohl die Konfliktlösungsmethode Ho'oponopono als auch Huna anhand von sieben praktischen Lebensweisheiten. Sie erfahren, wie Menschen den besonderen Segen in unangenehmen Situationen entdeckten, und wir sprechen über den Segen der Natur. Sie lernen den Unterschied zwischen materiellem

Segnen und spirituellem Segnen kennen, und außerdem werden Sie verstehen lernen, was die Energie eines Segens blockiert und was das Segnen fördert. Mit diesem Wissen können Sie in Ihrem Leben Türen öffnen, die bisher vollkommen verborgen waren – Türen, von welchen Sie möglicherweise gar nicht wussten, dass sie existieren.

Die folgenden Kapitel beinhalten einen Überblick über die wichtigsten geistigen Gesetze und kosmischen Prinzipien. Wir behandeln Themen wie Kommunikation und Beten und beschreiben eingehend die Macht der Worte und wie Sie diese auf Ihre Ziele lenken können. Mit kleinen Berichten aus den Bereichen des Ayurveda, der Medizin, der Psychologie und Neurobiologie sowie der Verhaltensforschung möchten wir die Vereinbarkeit von moderner Wissenschaft mit überlieferten spirituellen Texten zeigen.

Schließlich finden Sie im Anhang wichtige Gebete sowie einen Überblick über die verwendeten Begriffe aus dem Hawaiianischen und dem Sanskrit.

Wie auch »Das Wunder der Vergebung« ist dieses Buch, liebe Leserinnen und liebe Leser, unser Versuch, etwas für den Weltfrieden zu tun und Ihnen dabei wieder ganz persönlich einen spirituellen Schlüssel zu überreichen. Dieser Schlüssel ist hübsch anzuschauen, doch seine Wirkung erleben Sie erst, wenn Sie ihn benutzen. Wir segnen Sie deshalb von ganzem Herzen, die zahlreichen Informationen in diesem Buch zu verwenden und damit Ihr Leben zu einem spirituellen und materiellen Erfolg zu führen.

Wir grüßen Ihre Seele,
Andrea Bruchacova und Ulrich Duprée

TEIL I

SEGNEN – EIN ÜBERBLICK

Das Wort Segen – Ein Zeichen setzen und Gnade empfangen

Das Wort »segnen« stammt vom Lateinischen *significare* ab, das »ein Zeichen (lat.: signum) setzen«, »etwas bezeichnen« und »sein Einverständnis geben«, bedeutet. Es ist mit dem englischen *sign*, Zeichen, Siegel und Unterschrift, verwandt. Der althochdeutsche Ausdruck *segan* beschrieb ab dem dreizehnten Jahrhundert eine priesterliche Handlung, bei der mit den Armen oder mit den Händen das Kreuzzeichen gemacht wurde und damit die Anwesenheit Jesu[1] besiegelt wurde. In den asiatischen Kulturen finden wir eine Vielzahl exakter Handstellungen, die zum einen den Energiestrom im Körper des Segnenden lenken und auf diese Weise heilsam wirken und zum anderen das, was gesegnet wird, reinigen und mit geistiger Energie aufladen[2]. Diese Handpositionen heißen Mudras – das Wissen darüber galt bis in die

---

1 »Wo zwei oder drei versammelt sind in meinem Namen, da bin ich mitten unter ihnen.« Matthäus 18,20

2 Zum Beispiel Reiki: Rei (Geist, Seele) und Ki (Lebensenergie) nach dem Japaner Mikao Usui (1865 – 1926); und das geistige Heilströmen Jin Shin Jyutsu, dt. »Menschlichkeit-Gott-Kunst« nach Jirō Murai (1886 – 1960)

Zeit der Besetzung Indiens durch die Engländer als geheim und wurde nur an qualifizierte Schüler weitergegeben. Achten Sie einmal auf die Fingerhaltung verschiedener Buddha-Figuren, und Sie werden verschiedene, sich wiederholende Mudras entdecken. Das Gleiche finden wir auch in der christlichen Mystik, allerdings wird dieses alte Wissen nicht mehr gelehrt. Schauen Sie bitte das nächste Mal in einer Kirche auf die Handhaltungen der Statuen oder bei Gemälden auf die Handhaltungen von Heiligen, von Maria und Josef und auf die Segensgeste von Jesus. Ahmen Sie zur Probe diese Mudras einmal nach und spüren Sie in sich hinein. Sie werden erstaunt sein über die subtilen Veränderungen in Ihrem Energiefeld und in Ihrem Denken. Die bekanntesten Positionen, Segen zu empfangen und Segen zu spenden, sind (1) die ausgebreiteten Arme und (2) die Gebetshaltung, das Namaskar Mudra, bei dem die Handflächen flach aufeinanderliegen. Achten Sie dabei bitte auf Ihre geöffneten Achselhöhlen, um den Energiestrom exakt zu lenken. Um Wünsche zu gewähren, wenden zum Beispiel Buddha oder die Göttinnen Lakshmi und Tara die Handfläche der einen Hand nach oben, und um zu segnen, halten sie die Handfläche der anderen Hand dem Bittenden entgegen. Ahmen Sie auch dies einmal nach.

Unser Wort Segen besitzt außerdem die bedeutsame Verbindung zum Lateinischen *beneficium* und dem davon abgeleiteten englischen *benefit*. Beneficium bedeutet eine Wohltat, ein Vorteil, eine Gnade, eine Begünstigung, eine Hilfe und eine Auszeichnung. Mit diesen einfachen Übersetzungen haben wir bereits einen guten Überblick über die äußere Bedeutung und die innere Wirkung eines Segens auf unser Leben und Denken gewonnen.

Die verschiedenen Arten des Segnens

Das Segnen hat viele Facetten, wie zum Beispiel anderen schlicht etwas Gutes zu wünschen, das Heilwünschen unter Anrufung Gottes, die Übertragung einer geistig-spirituellen Kraft bis hin zu tiefen spirituellen Themen wie das Segnen der Feinde mit außerordentlich praktischen Werten. Da ist der Segen der Natur, von der wir Menschen abhängig sind, und da ist der Segen der Eltern, den sich jeder wünscht. Alle Kulturen und Religionen kennen vielfältige Segensrituale, Segensfeste und Segenssprüche. Wir kennen die Taufe, die Weihe und das Segnen von Wasser und Speisen. In der christlichen Tradition sind vor allem der sakramentale Segen (der eucharistische Segen) bekannt, der gespendet wird, während die Hostie (das allerheilgste Altarsakrament) in den Leib Christi gewandelt wird. Weniger bekannt ist der Primiz-Segen, der erste Segen, den ein neu geweihter Priester in einer Messe gibt. Man sagt, er sei es wert, sich die Schuhsohlen abzulaufen, um ihn zu empfangen. Weltweit bekannt hingegen ist der Segen für die Stadt Rom und die Welt, *urbi et orbi*, den das geistige Oberhaupt der katholischen Kirche jährlich zu Ostern spricht.

Segnen ist ein elementares Erbe, und alles, selbst unangenehme Situationen oder Begegnungen, alles, was sich letztlich als förderlich erweist, nennt man eine Segnung. Sobald wir unsere Aufmerksamkeit auf dieses Thema lenken, entdecken wir überall Segnungen und einfache Formeln der Begrüßung, das bayrische »Grüß Gott« und das slowakische »Gott sei Eure Hilfe[3]« erweisen sich ebenfalls als Segenswünsche. Mit

---

3 Slowakisch *Pan Boh pomahaj*, und die Antwort darauf lautet: Möge es Gott hören.

diesem Buch möchten wir Ihnen zeigen, dass Sie einerseits bereits in vielerlei Hinsicht gesegnet sind und wie Sie andererseits all diese Segnungen weitergeben können, um das Glück in Ihnen und um Sie herum noch weiter zu vermehren.

Drei Räume mit unterschiedlichen Dimensionen: Körper, Geist und Seele

Um dieses Thema, das Segnen, in seinem ganzen Umfang zu erfassen, müssen wir uns grundlegend verdeutlichen, dass der Mensch gleichzeitig auf drei Daseinsebenen bzw. in drei Welten existiert, nämlich (1) auf materiell-energetischer Ebene, auf (2) gedanklich-geistiger Ebene und (3) auf rein spiritueller Ebene.

Die materiell-energetische Welt bildet unser Universum, wie wir es physikalisch erleben. Raum und Zeit sind hier die bekannten Dimensionen. Die gedanklich-geistige Welt umfasst einen feinstofflichen Daseinsbereich, in welchem Raum und Zeit veränderlich sind, und die Daseinsebene der Seele ist erfüllt von reinem Licht und ewiger Präsenz (Sanskrit: Brahman), in der Raum und Zeit aufgehoben sind.

Das, was Sie als feste Form im Spiegel sehen, Ihr Körper, gehört in den materiellen Bereich unseres Lebens. Unsere Gedanken gehören in einen nichtsichtbaren Daseinsbereich, und Ihre reine und ewige Existenz, Ihre Seele, gehört in den spirituellen Bereich. Je feinstofflicher die Daseinsebene, umso dehnbarer werden Raum und Zeit.

Unser Körper existiert in Raum und Zeit, das heißt, er besitzt physikalisch messbare Größen und ein exaktes Geburtsdatum, während wir in Gedanken in eine ferne Vergangenheit, in eine weit entfernte Zukunft

und an andere Orte reisen können. Ihr Körper stammt von Ihrer persönlichen Mutter und ist mit Mutter Erde, Mutter Natur und allem Materiellen (Lat.: *mater*, Mutter) verbunden. Die Beziehung zu Ihrer leiblichen Mutter, ob Sie zum Beispiel von Ihrer Mutter gesegnet wurden, spiegelt sich in Ihrem materiellen Leben wieder.
Obwohl unsere Gedanken und Erinnerungen nicht eindeutig messbar sind, so sind sie doch ebenso real. Gedanken mögen nicht sichtbar sein, doch sehen wir ihre Wirkungen, wenn wir beispielsweise schmunzeln oder die Stirn runzeln. Diese geistige Kraft durchflutet jede Zelle Ihres Körpers mit Bewusstsein, und doch können wir dieses Bewusstsein und auch die Erinnerungen nicht orten, wie zahlreiche Experimente bewiesen haben.

Einen noch feineren Bereich bildet die spirituelle Daseinsebene, die wir die Welt der Seele nennen. Das ist der Spirit (Lat.: *spiritus*, Hauch, Wind, Atem). In einer Schöpfungsgeschichte des vorderen Orients, die wir in der Genesis finden, formte der Schöpfergott JHWH einen Mann[4] aus Erde und hauchte ihm den Odem, das Leben ein. Dieses hebräische Wort Odem stammt vom Sanskrit-Begriff *Atman* (das Selbst) ab, und von diesem Atman leiten sich wiederum unsere Wörter Atem und atmen ab. Es ist diese Seele, der göttliche Atem, der den Leib aus organischer Materie belebt, doch ist die Seele so feinstofflich, dass heißt jenseits unserer bekannten Dimensionen, dass wir sie zum einen im Alltag oft übersehen und sie auch nicht messen können – sie befin-

4 Das Wort Mann stammt aus dem Sanskrit und ist von *Manu*, dem Urvater der Menschheit, abgeleitet.

det sich jenseits von Raum und Zeit. So wie unsere Taten die Folge unserer Gedanken sind, so ist das Leben der Ausdruck der Seele selbst, und sobald die Seele den Körper wieder verlässt, ist man eben tot. Alle drei Daseinsebenen, Körper, Geist und Seele, sind so eng miteinander verwoben, dass sie sich gegenseitig beeinflussen und äußerlich eine Einheit bilden.

Wir segnen mit dem Körper, indem wir handeln. Wir segnen durch unsere Gedanken, indem wir Gutes wünschen, und wir segnen in unserer Seele, indem wir alles mit der göttlichen Urquelle, unserem Ursprung, der kosmischen Intelligenz verbunden sehen.

KŪKULU KUMUHANA

Die Wortbedeutung

Der Ausdruck Kūkulu Kumuhana setzt sich aus drei Worten bzw. Elementen zusammen:

Kūkulu – bauen, aufschichten, errichten
Kumu – eine Basis, eine Wurzel
Hana – die Arbeit, das Werk

Die Hawaiianerin Mary Kawena Pukui (1895 – 1986), die neben verschiedenen Werken über die Kultur und Sprache Hawaiis auch als erste Autorin 1952 die Konfliktlösungsmethode und Familientherapie Ho'oponopono erwähnte, übersetzt Kūkulu Kumuhana wie folgt:

(1) eine bedeutende spirituelle Macht anrufen;
(2) ein gruppendynamischer Prozess;
(3) einen weltweiten, konstruktiven, spirituellen Prozess in Gang setzen;
(4) mit großer Stärke ans Werk gehen.

Kūkulu Kumuhana ist also weit mehr, als anderen sozusagen im Vorbeigehen etwas Gutes zu wünschen und das allgemeine Wohlwollen auszudrücken. Es ist ein bewusst formulierter Segensspruch während eines Ho'oponopono-Reinigungsrituals im tiefen Glauben, dass jeder mit der unendlichen Quelle der alldurchdringenden Versorgung (Ke Akua) verbunden ist und etwas Besonderes (Mana, Lebensenergie) gibt.

Kūkulu Kumuhana – der Segen der Familie während eines Ho'oponopono

Ho'oponopono ist eine geistig-spirituelle Methode, um persönliche Probleme, zwischenmenschliche und globale Konflikte zu lösen und damit auf vielen Ebenen unsere Beziehungen zu heilen. Während man durch die einzelnen Schritte eines Ho'oponopono geht, also auf dem Weg vom inneren oder äußeren Konflikt zur Lösung schreitet, bekommt man auch die Gelegenheit, dem Hilfesuchenden oder den Konfliktparteien seine aufrichtigen Segenswünsche auszusprechen. Das ist das Kūkulu Kumuhana: Gemeinsam wünscht man allen Beteiligten zum Beispiel Heilung, Frieden, Mut, Kraft und Entschlossenheit.

Wir kennen zwei Vorgehensweisen zu segnen, nämlich (1) entweder spricht die ganze Familie einen gemeinsamen Segen aus, oder (2) jeder Einzelne spricht für den Hilfesuchenden einen persönlichen Segen.

Beispiele solcher Segenswünsche

Ich segne dich mit Vertrauen in deine Zukunft und der Kraft, die nötigen Schritte zu tun.

Wir segnen dich, die Situation mit den Augen der Liebe zu betrachten.

Wir segnen dich mit dem Mut und der Entschlossenheit, deine Aufgabe zu vollenden.

Ich segne dich von ganzem Herzen mit innerem Frieden.

Ich segne dich mit Mut, deinen Mitarbeitern gegenüberzutreten.

Ich segne dich mit der Intelligenz, das Wichtige vom Nebensächlichen zu unterscheiden.

Ich segne dich damit, deine Fähigkeiten nutzen zu können, um dein Leben und das Leben anderer zu verbessern.

Weitere Segenswünsche finden Sie im Anhang.

Der Segen der Gemeinde

Erinnern wir uns, dass wir auf drei Daseinsebenen gleichzeitig existieren, nämlich physisch, gedanklich und spirituell. Wenn zwei oder mehrere Menschen zusammenarbeiten, ist die gemeinsame Leistung höher, als wenn jeder einzeln arbeitet. Mit vereinten Kräften geht es besser, und das gilt sowohl auf physischer Ebene als insbesondere auch auf geistiger Ebene. Auch auf einer intellektuellen Ebene mögen zwei getrennt arbeitende Menschen recht kreativ sein, doch wenn sie zu einem Team, einem sogenannten Mindtrust oder in einer Mastermind-Gruppe zusammenkommen, können sie wahrlich Großes erreichen, indem sie sich wechselseitig motivieren, Ideen austauschen und sich in ihren Fähigkeiten ergänzen. Wird Materie in Energie umgewandelt

($e = mc^2$), werden große physikalische Kräfte freigesetzt, doch es bedarf nur einer einzigen Idee, um das Leben auf der Erde zu verändern. Solche Teams wie die Fahrradhändler Gebrüder Wright, die eine Flugmaschine bauten, oder die Apple-Gründer Steve Jobs und Steve Wozniak haben Geschichte gemacht. Die dritte, die spirituelle Kraft nun, die Überseele, wie sie der Transzendentalist Waldo Emerson nannte, der Spirit ist noch weitaus stärker als der menschliche Geist bzw. der Verstand[5]. Dieser Spirit ist überall gegenwärtig und wirkt als Bewusstsein im Quantenraum. In diesem spirituellen Raum potenziert sich die Kraft durch Verbindung noch weiter, da das Spirituelle die Quelle des Geistigen und das Geistige wiederum die Quelle des Materiellen ist. Dieser Spirit, das Brahman der Inder, ist der urerste Impuls – die Quelle. Um der Bedeutung dieser spirituellen Geisteskraft Gewicht zu verleihen, möchten wir kurz den deutschen Physiker Max Planck (1858 – 1947) zu Wort kommen lassen, der sich als Naturwissenschaftler und Nobelpreisträger an klare Fakten hielt und sich logischer Werkzeuge wie der Mathematik bediente.

»Als Physiker, der sein ganzes Leben der nüchternen Erforschung der Materie widmete, bin ich sicher von dem Verdacht frei, für einen Schwarmgeist gehalten zu werden, und so sage ich Ihnen nach meinen Erforschungen des Atoms dieses: Es gibt keine Materie an sich! Alle Materie entsteht und besteht nur durch eine Kraft, welche die Atomteilchen in Schwingungen versetzt und sie zum winzigsten Sonnensystem des Atoms zusammenhält. Da es aber im ganzen Weltall weder eine intelligente noch eine ewige Kraft aus sich selbst heraus gibt, müs-

5 Geist, Verstand: Lat.: Mens; Sanskr.: Manaha; Engl.: Mind

sen wir hinter dieser Kraft einen bewussten, intelligenten Geist annehmen. Dieser Geist ist der Ursprung aller Materie. Nicht die sichtbare, vergängliche Materie ist das Reale, Wahre, Wirkliche, denn die Materie bestünde, wie wir gesehen haben, ohne diesen Geist überhaupt nicht, sondern nur der unsichtbare, unsterbliche Geist ist das Wahre. Da es aber Geist an sich allein auch nicht geben kann, sondern jeder Geist einem Wesen zugehört, müssen wir zwingend den Bestand von Geistwesen annehmen. Da jedoch auch Geistwesen nicht aus sich selbst sein können, sondern geschaffen worden sein müssen, so scheue ich mich nicht, diesen geheimnisvollen Schöpfer ebenso zu nennen, wie ihn alle alten Kulturvölker der Erde genannt haben: nämlich Gott! So sehen Sie, wie in unseren Tagen, da man nicht mehr an den Geist als den Urgrund der Schöpfung glaubt und darum in bitterer Gottesferne steht, gerade das Winzigste und Unsichtbare es ist, das die Wahrheit wieder aus dem Grabe materialistischen Stoffwahns herausführt und die Welt verwandelt und wie das Atom der Menschheit die Tür öffnet in die verlorene und vergessene Welt des Geistes.« (Max Planck auf dem Physikerkongress in Florenz, 1932.)

Jesus von Nazareth beschrieb diese Kraft spiritueller Gemeinschaft mit den einfachen Worten: »Wo zwei oder drei versammelt sind in meinem Namen, da bin ich mitten unter ihnen.« Wann immer Menschen in Kirchen, an Kraftorten und in Tempeln zusammenkommen, wenn Menschen für den Frieden beten, wenn tibetische Mönche vom Dach der Welt ihre Formeln des Mitgefühls in die Welt murmeln, immer wenn das Halleluja, die Namen Gottes, die großen Mantras und die heilige Silbe OM gesungen werden, hat dies einen freudvollen und günstigen Einfluss auf die Welt. Wann immer Sie persönlich mit Menschen zusammenkommen, können Sie sich an eine bedeutende spirituelle Kraft wie zum Beispiel Jesus wenden, der Sie segnet und Ihrem Treffen eine ganz neue Qualität und spirituelle Ausrichtung gibt.

DIE OHANA

Im Gegensatz zum individuellen Segnen, das heißt, wenn Sie Ihre Kinder, Ihren Partner, Ihre Arbeit, Ihre Wohnung oder vielleicht Ihr Auto segnen, ist Kūkulu Kumuhana der gemeinschaftliche Segen – eine zielgerichtete geistig-spirituelle Kraft, die das Gute vermehren und die Welt, die Natur, die Tiere und Pflanzen und alle Beziehungen heilen soll.

Diese Gemeinschaft, primär die Familie, nennt man Ohana, und in der Literatur findet man dafür die Übersetzung »Mehrere Pflanzen mit einer gemeinsamen Wurzel«. Ihre Ohana ist traditionell Ihre Herkunftsfamilie, das heißt Ihre Blutsverwandten, und Sie alle wurzeln in gemeinsamen Vorfahren (Aumakua), das heißt in Ihrer weiblichen und männlichen Ahnenlinie. Zudem haben viele Menschen gemeinsame Wurzeln in gemeinsamen Schicksalen. So wurde, gerade durch den westlichen Einfluss in den letzten dreißig Jahren, der Begriff Ohana mehr und mehr im Sinne einer Gruppe mit gemeinsamen Interessen verwendet. In der alten Zeit gab es dazu keinen Anlass, denn alles geschah innerhalb der Sippe, doch wir folgen in diesem Buch der Erweiterung dieses Begriffs und wenden ihn wie heute üblich auf Gemeinschaften und Gruppen an.

Auch Ihr Arbeitsplatz zusammen mit Ihren Kollegen – ein Ort, an dem viele Menschen unter Umständen weit mehr Zeit verbringen als zu Hause – ist eine Ohana. Jede Gemeinschaft und jeder Stammtisch, jede

Schulklasse, jede Gewerkschaft und jede Einkaufskooperative ist eine Ohana. Eine Ohana kann ein kleiner Stamm sein, ein Clan, eine Wahlfamilie oder eine Gemeinde mit jeweils einer eigenen Mikro-Kultur als gemeinsamer Nenner, weshalb wir im Folgenden all diese Begriffe synonym verwenden werden.

Bindungen und Bindungsenergie

Sozial-psychologisch betrachtet bietet eine Ohana ihren Mitgliedern die Möglichkeit, individuelle Bedürfnisse, zum Beispiel nach Sicherheit und Anerkennung, effektiv befriedigen zu können, und idealerweise sollte dies zuerst die eigene Familie bieten. Diese grundlegenden menschlichen Bedürfnisse untersuchte unter anderem der amerikanische Psychologe Abraham Maslow (1908 – 1970) und stellte 1943 seine berühmte Hierarchie der Bedürfnisse in Form einer Pyramide vor. Diese Triebfedern menschlichen Handelns lauten von der Basis nach oben gesehen: physiologische Bedürfnisse (zum Beispiel Nahrung), Sicherheitsbedürfnisse (zum Beispiel Arbeit, Wohnen), soziale Bedürfnisse (zum Beispiel Anerkennung), individuelle Bedürfnisse (zum Beispiel Reisen) und Selbstverwirklichung (spirituelle Erkenntnis). Konkret bedeutet dies, dass sich jeder Mensch einer Gruppe um des natürlichen Vorteils willen anschließt: um genügend Nahrung und mehr Sicherheit zu haben, um mehr Verständnis und mehr Austausch zu erleben, mehr Bildung, mehr Unterstützung zu bekommen usw. – mit vereinten Kräften und gemeinsam geht es eben leichter.

Entsprechend den Kräften, ihre Mitglieder an sich zu binden, kann so ein Stamm stark oder schwach sein, und es sind die gemeinsamen Interessen und Rituale, die gepflegt werden müssen, um eine Ohana zusammenzuhalten. Solche Rituale sind zum Beispiel einfache Treffen, Familienfeste, Spiele und Wettkämpfe, Turniere, Aufmärsche oder Kirchentage. Sie schaffen ein Zusammengehörigkeitsgefühl. Wenn eine Rugby-Mannschaft oder der örtliche Tanzverein zusammenkommen, haben diese Gruppen ein bestimmtes Verhalten, ihre Ohana-typische Tracht und ihre eigene Sprache. Die verschiedenen Fußballclubs und Fans erkennen einander an ihren Trikots genauso, wie die geistigen Oberhäupter religiöser Gemeinschaften spezielle Roben und Talare tragen. So wie die Clan-Zugehörigkeit in den Highlands am Muster des schottischen Kilts sichtbar ist, so hatte jede Ohana im alten Hawaii ihre spezielle Bemalung und Familiengottheiten. Ob örtlicher Imker-Verein, Firma oder Welt-Kirche – man orientiert sich an einer gemeinsamen Tradition, Kleidung und Sprache. Diese Mikro-Kultur und die gemeinsamen Werte sind die Merkmale, die eine Ohana von einer anderen unterscheiden.

Wir alle, Sie und ich, liebe Leserin und lieber Leser, leben in mehreren »Stämmen« gleichzeitig: in unserer Familie, am Arbeitsplatz, in einer Glaubensgemeinschaft, in einer Gemeinde, in der Stadt und auf dem Land und in vielen anderen Gemeinschaften. In jeder Ohana werden wir uns etwas anders verhalten, kleiden und sprechen. Untersuchungen haben ergeben, je kleiner eine Ohana ist, je tiefer die Wurzeln in Kultur und Sprache sind, je mächtiger die Rituale und je stärker die Abgrenzung zum Umfeld, umso fester sind die Bindungen der Mitglieder an den Stamm.

Die Massai sind stolze Krieger und leben in den weiten Steppen im Süden Kenias und im Norden Tansanias. Heute leben sie vielfach bedroht in kleinen Stammesgemeinschaften am Rande der Touristenpfade, doch gerade ihre besonderen Sitten und Gebräuche ließen sie ihre Identität bewahren und überleben. Im Alter von etwa fünfzehn Jahren bereiten sich die männlichen Kinder darauf vor, zusammen mit erwachsenen Kriegern in die Steppe zu gehen. Dort werden sie in Stammesriten jenseits städtischer Vorstellungen und mitteleuropäischer Komfortzonen eingeführt. Mit anderen Worten – ein Massai kämpft nicht mit der Fernbedienung eines Fernsehers, sondern mit Löwen und Leoparden. Die Sippe versammelt sich vor dem Aufbruch in der Morgendämmerung, und mit Gesängen und Tänzen erbittet das Dorf den Segen ihres Gottes Engai für das erfolgreiche Unternehmen, während die Jungen hinausziehen. Nach einigen Tagen kehren die jungen Massai aus der Savanne als Männer ins Dorf zurück. Ihre Mütter weinen jedoch bei ihrer Rückkehr, da sie praktisch ihre Kinder verloren haben.

Statt ins Innere des afrikanischen Großkontinents zu reisen, reicht uns auch ein Blick zu unseren europäischen Nachbarn. So wurde der besondere Stellenwert der *famiglia*, wie man auf Italienisch sagt, in Filmklassikern hinreichend dargestellt. Auch kann man beobachten, dass tief in ihrer Kultur verwurzelte Menschen zuweilen jahrzehntelang in einem fremden Land leben können, ohne je die Sprache der neuen Welt zu lernen. Man lebt dann zwar in Little China, Little Italy oder Little Russia in New York, London oder Berlin, doch die Bindung dieser Familien an ihre ursprüngliche Heimat ist stark und einflussreich.

Die vier Büffel

Auf einer fernen Weide lebten einst vier Büffel, und sie wiegten ihre gewaltigen Köpfe mit den mächtigen Hörnern zwischen den Halmen hin und her. Ob sie nun grasten oder schliefen, immer waren sie ganz nahe beieinander, gerade so wie ein Kreuz, und jeder blickte dabei in eine andere Richtung. Ab und an kam ein Löwe vorbei, der nur allzu gern so einen Büffel gerissen hätte, böte er doch ein gutes Mahl für seine große Familie. »Das ist ein feiner Schmaus für meine Frau, die Kinder und die jüngeren Geschwister. Auch meine Onkel und Tanten könnten sicher noch davon satt werden – und was wir nicht schaffen, das bekommen die Geier«, sprach er und pirschte sich an. Tagelang versuchte er sein Glück, doch gleich von welcher Seite er die Büffel auch bedrängte, er wurde von ihren spitzen Hörner begrüßt. Die Kunde von der Einigkeit der Büffel verbreitete sich im ganzen Land, und kein Löwe und keine Hyäne wagte sich in ihre Nähe. Ob übermütig geworden, einer Versuchung erliegend, aus Dummheit oder aus Verdruss – wir wissen es nicht –, doch eines Tages verließen die vier Büffel ihre schützende Formation und wurden so nach und nach die Beute der Löwen.

Die Wertesysteme von Familien und Stämmen

Unsere Gesellschaft hat sich in den letzten einhundert Jahren grundlegend gewandelt. Mit der Auflösung der traditionellen Großfamilie und der Bewegung hin zum Single-Dasein und den Patchwork-Familien einerseits und dem Schub der globalen Vernetzung und Social Media andererseits ist die Bildung von kleinen Gruppen innerhalb der Gesellschaft zu beobachten, die man *Tribes* (engl.: Stämme) nennt. Als Studienobjekte der Sozialforschung bemüht man sich, diese zeitweiligen Zusammenkünfte in klar unterscheidbare Bereiche einzuteilen; eine Herausforderung, der sich David Logan PhD von der University of Southern California annahm. Er definiert einen Stamm als eine Gruppe mit eigener Kultur und ordnet sie in fünf Entwicklungsstufen bzw. Wertesysteme ein.

Die folgende Zusammenfassung dieser Entwicklungsstufen von Gemeinschaften ist deshalb von besonderem Vorteil, da Sie, liebe Leser, (1) eine Standortbestimmung Ihrer eigenen Werte und des Wertesystems Ihrer Wahlfamilie vornehmen können. Das ermöglicht Ihnen, (2) Absichten und Ziele von Gruppen zu erkennen und schließlich zu beurteilen, ob und welche Segnungen überhaupt Kraft haben. Wie frisches Wasser eine Blume zum Blühen bringt, ein Stein hingegen nur nass wird, so mag sich manch einer sogar ärgern, wenn Sie ihn segnen. Beabsichtigen Sie schließlich (3) Ihre persönliche Lebensqualität zu steigern, gilt es nur, auf die nächsthöhere Werte-Ebene zu wechseln. Zusätzlich haben wir die eine oder andere Information aus unserer Arbeit mit den feinstofflichen Energiezentren, den Chakras (hawaiianisch: Piku) des Körpers mit einfließen lassen, so dass Sie ein erweitertes Bild über verschiedene Zusammenhänge gewinnen.

Die Werte auf der ersten Entwicklungsstufe: Mein Leben ist ein Kampf

Immer wenn Menschen diese Grundeinstellung zum Leben haben und das Recht dem Stärken einräumen, dann werden sich diese Menschen auch in einer Art und Weise verhalten, die mit diesem Glauben konform geht – sie kämpfen. Gruppen und Menschen, deren Werte sich an dieser Überzeugung orientieren, werden versuchen, sich selbst und andere Menschen zu zerstören. Es ist die Kultur, andere zu überfallen, anzugreifen, zu verletzen, zu foltern, auszurauben oder gar zu töten. Weil in der Ursprungsfamilie keine Mutterliebe wahrgenommen wurde, ist das erste Chakra gestört, und man besitzt wenig Vertrauen ins Leben. Man glaubt, es sei nicht genug für alle da, und deshalb lautet der Leitsatz hier: »Ich werde alles tun, um zu überleben, selbst auf Kosten anderer.« Glücklicherweise denken nach Umfrage nur bis zu zwei Prozent der Bevölkerung in dieser Richtung. Mitglieder dieser Stämme segnen nicht, sondern fluchen. Solch ein Fluch ist ein entgegengesetzter Segen mit der Absicht, dem Empfänger zu schaden. Dabei ignoriert oder akzeptiert der Fluchende sogar, dass er sich selbst am meisten schadet.

ÜBUNG

Untersuchen Sie Gruppen, Organisationen, Institutionen, Unternehmen etc., die dieses Wertesystem integriert haben. Machen Sie eine Liste, welche positiven Eigenschaften hier fehlen, und schicken Sie konstruktive Gedanken mit Ihren aufrichtigen Segenswünschen in die Welt.

Segnen Sie diese Menschen und Stämme zum Beispiel mit den Worten: »Ich segne dich mit Sicherheit und Vertrauen ins Leben.«

Die Werte auf der zweiten Entwicklungsstufe: Mein Leben ist nicht schön

Nach Umfragen ist diese Kultur leider in bis zu fünfundzwanzig Prozent aller Familien, Firmen, Institutionen, Behörden usw. verankert. Hier wird gejammert, beschuldigt, angeklagt, gemobbt und Ähnliches. Solche Arbeitsplätze sind primär langweilig, bisweilen bedrohlich, und sie bieten keine Entwicklungsmöglichkeiten. Es ist eine Kultur, in der über andere geschimpft wird, während man sich gleichzeitig darüber beklagt, keine Wahl und keine Chancen zu haben. Menschen und Stämme mit diesem Wertesystem wissen nicht, was sie wollen, sondern nur, was sie nicht wollen, und verwechseln beides. Weil es in ihrer Ursprungsfamilie nicht üblich war, die eigenen Bedürfnisse wahrzunehmen, hat man ein negatives Bild über jene entwickelt, die zu sich stehen. Hier ist das zweite Chakra, das Energiezentrum der Bedürfnisse, gestört. Neues wird häufig als Bedrohung gedeutet. Weil sich diese Menschen gerne als Opfer bezeichnen, sind sie leichte Beute für Menschen aus der Ebene drei. Man richtet seine Aufmerksamkeit auf Probleme statt auf Lösungen, das heißt, man will nur weg vom Schlechten, aber noch nicht hin zum Guten. Segnungen aus dieser Ebene haben deshalb noch keine Kraft.

ÜBUNG

Untersuchen Sie, in welchen Bereichen des Lebens Sie selbst Schuldige suchen und keine Verantwortung für Ihr Wohlbefinden übernehmen wollen. Vergeben Sie sich das und segnen Sie jetzt alle Menschen in Ihrem Umfeld, die sich gerne beklagen und daraus eine Identität geformt haben. Sagen Sie zum Beispiel: »Ich segne dich mit der Kraft der Eigenverantwortung. Ich segne dich mit Mut, dein Leben in die Hand zu nehmen.« Bewundern Sie außerdem jene, die gut für sich sorgen können.

Die Werte auf der dritten Entwicklungsstufe: Ich bin gut und du nicht

Mit Kleidung, Sprache und Verhalten suchen Menschen dieses Systems nach intensiver Anerkennung und befinden sich dabei ständig mit sich und der Welt im Wettbewerb. Man vergleicht und glaubt, sich beweisen zu müssen. Deshalb ist man häufig im Stress, da es ja immer jemanden gibt, der besser ist und den es zu übertrumpfen gilt. Hier macht man gerne Witze, wie zum Beispiel jene, in welchen sich drei ethnische Gruppen treffen und eine davon als besonders dumm dargestellt wird. Ganz allgemein qualifiziert man andere Menschen und Gruppen als unzulänglich oder als Versager ab. Gerne zeigt man mit dem Finger auf andere und kritisiert ihre Schwächen, statt zusammenzuarbeiten. Achtundvierzig Prozent aller Gruppen befinden sich auf dieser Entwicklungsstufe. Hier hören wir Überzeugungen, Parolen und Gesänge nach dem Motto: Unser Verein ist der Beste … Unser Glaube ist der einzig wahre … Diese Technologie bringt den Segen … Wir sorgen für euch … Man lebt die Illusion, die Welt sei schwarz-weiß, und der Stimme des Egos folgend, neigt man dazu, in das zerstörerische Verhalten der unteren Ebenen zurückzufallen. Das Selbstbild gründet sich auf den Verletzungen der Kindheit. Man glaubt, so wie man ist, sei man nicht in Ordnung und müsse beweisen, dass man wertvoll ist. Hier ist das dritte Chakra im Solarplexus (der Selbstausdruck) gestört. Segnungen von Menschen, die sich primär an solch ausschließenden Werten orientieren, sind im Grunde keine Segnungen. Es sind materiell orientierte Wünsche und gleichen einem Handel.

ÜBUNG

Beobachten Sie die Welt, und werden Sie sensibel für die Aussagen von Menschen und die dahinter verborgenen Motive. Segnen Sie alle Menschen mit den Worten: »Ich segne dich und deine Einzigartigkeit. Ich gebe allen Tieren und Pflanzen die Freiheit, ihre Einzigartigkeit zu leben.«

Die Werte auf der vierten Entwicklungsstufe: Du bist einzigartig

Eine der großen Herausforderungen, denen wir individuell und gesellschaftlich gegenüberstehen, ist, von der Ebene drei auf die Ebene vier zu wechseln. Menschen mit Werten dieses Systems verstehen sowohl sich als auch andere Menschen als einzigartige Individuen, die zusammenkommen, um daraus etwas Größeres entstehen zu lassen. Es ist eine Art faszinierender gesellschaftlicher Entwicklungsprozess, den wir miterleben dürfen. In diesen Familien behält man seine Identität und erlaubt auch allen anderen, ihre Einzigartigkeit zu leben und mit einzubringen. Trotz aller Unterschiede zieht man an einem Strang. Unternehmen, Kooperativen, Familien und Communities, die diese Kultur pflegen, sind zu großen Leistungen und Veränderungen fähig. Hier manifestieren sich Synergien und man nimmt Herausforderungen an, um dadurch neue Fähigkeiten, Sichtweisen und Erfahrungen zu sammeln. Wir haben die Herzebene, das vierte Chakra, erreicht und das gesprochene Wort, der Segen, gewinnt an Kraft. Es ist eine co-engagierte Ebene von Kūkulu Kumuhana, und die gemeinsamen guten Wünsche und das aufrichtige Wohlwollen zielen auf Entwicklung, Heilung und Wachstum. Eine große Anzahl, nämlich zweiundzwanzig Prozent aller Tribes befinden sich bereits hier.

ÜBUNG

Finden Sie heraus, welche Werte in Ihrer Familie gepflegt werden. Schreiben Sie eine Liste der Einzigartigkeit und der besonderen Talente Ihrer Eltern, Ihrer Kinder und Ihres Partners auf. Segnen Sie Ihre Familienmitglieder und danken Sie, dass Sie mit solch einzigartigen Menschen zusammenleben dürfen.

Die Werte auf der fünften Entwicklungsstufe: Die Welt ist schön

David Logan fand heraus, dass die Mitglieder von Tribes nur die Überzeugungen und Werte einer Ebene über und unter ihrer eigenen verstehen, und so mag die Aussage »die Welt ist schön« für circa fünfundsiebzig Prozent aller Gruppierungen unverständlich, sentimental, weltfremd oder schwärmerisch klingen. Weil Worte geradezu kondensierte Gedanken sind, mögen Menschen zwar die gleiche Sprache sprechen, doch trotzdem einander nicht verstehen. Das Wort Macht zum Beispiel kann für ein Mitglied in einem Tribe auf der Entwicklungsstufe zwei Unterdrückung bedeuten, während jemand der Gruppe drei damit Kontrolle und Ansehen assoziiert, und jemand aus der Gruppe vier verbindet mit dem Wort Macht wahrscheinlich Selbstbestimmung. Jeder Mensch verknüpft mit einem Wort seine eigenen Erfahrungen. Wenn Sie also sagen, »die Welt ist schön«, könnten Menschen der Ebene eins wütend reagieren. Sprechen Sie mit Menschen des Wertesystems drei, so wird man versuchen, Sie lächerlich zu machen, oder Ihnen beipflichten, indem man verschiedene Errungenschaften aufzählt. Menschen, deren Werte sich an der Ebene vier orientieren, werden verstehen und nicken, da sie die Einzigartigkeit des Lebens spüren. Erwarten Sie also nicht, dass Ihre Kinder, Ihre Kollegen oder Ihre Kunden sich plötzlich ändern, wenn Sie von Ihren Ideen sprechen. Wie zwanzig Jahre lange Studien an der Harvard-University belegen, ändern sich Menschen nur von innen heraus. Die Auslöser dieser Veränderung sind dann allerdings nicht Ihre netten Worte, sondern ein sogenannter »außerordentlicher emotionaler Eindruck« (Strong Emotional Impact), wie zum Beispiel die Nachricht einer schweren Krankheit, der Zusammenbruch der eigenen Firma oder eine Scheidung.

Auf der fünften Entwicklungsstufe der Werte menschlichen Zusammenlebens haben die Mitglieder eines Tribes Frieden mit dem Leben geschlossen, und sie kommen trotz aller Verletzungen, trotz aller Tragödien und trotz aller Opfer-Täter-Beziehungen zusammen, um zum Wohle aller einen neuen Anfang zu setzen. Es ist die spirituelle Ebene, auf der Sie die Verletzungen der Vergangenheit hinter sich lassen können und sich selbst überwinden. Statt im Äußeren zu kämpfen, haben Sie eine Schlacht gewonnen, die in Ihnen selbst stattfand. Auf Grundlage dieser Werte kann man sich erheben, ohne sich über andere zu stellen. Ihre Qualitäten sind Mut, Verantwortung, Selbstbewusstsein, Achtsamkeit, Liebe und Mitgefühl. Alle gemeinsamen Segnungen entfalten dann eine große materielle, geistige und spirituelle Kraft und Dynamik. Es wirkt die Kraft der Liebe.

Aufbruch oder weitermachen wie bisher?

Der gemeinschaftliche Segen, Kūkulu Kumuhana, ist das Bewusstsein, die Einzigartigkeit allen Lebens und die gemeinsame Schönheit der Welt zu erkennen. Gäbe es keine Menschen, wer könnte diese Schönheit wahrnehmen? Hier stellt sich die bedeutsame Frage: Ist diese Schönheit in der Welt oder in Ihnen? Ja, ohne Sie, liebe Leserinnen und Leser, wäre die Welt nicht als schön erfahrbar, und deshalb ist es unsere Aufgabe, die Schönheit und Einzigartigkeit zu bewahren und zu pflegen, damit sie erfahrbar bleibt. Es ist unser Anliegen, Sie, liebe Leser, nun einzuladen, sich der Möglichkeit zu öffnen, die Verletzungen Ihrer persönlichen, nationalen und religiösen Vergangenheit hinter sich zu lassen und den einzigartigen Beitrag aller Lebewesen zu erkennen – so wie es alle Meister taten. Wenn wir die globalen Herausforderungen in Form von Gewalt in Familien, des Hungers in der Dritten Welt, der Umweltzerstörung, der Massenvernichtung von Tier- und Pflanzenarten, des Vertreibens von Eingeborenen und von Kriegen lösen wollen, müssen wir uns individuell und als Gemeinschaft weiterentwickeln. Der Frieden beginnt in mir und mit uns.

ÜBUNG

In welchen Wahlfamilien, Ohanas und Stämmen leben Sie? Machen Sie zum Abschluss dieses Kapitels eine kleine Standortbestimmung. Welche Bedürfnisse erfüllen Ihnen Ihre verschiedenen Wahlfamilien? Sicher haben Sie schon ein gutes Bild über fremde Vereine und Gruppen und bewerten deren Verhalten – und genau das machen sogenannte Tribes, sie haben unterschiedliche Bewertungssysteme. Überlegen Sie nun, wer Ihren Segen am meisten braucht, und segnen Sie dann. Kaufen Sie sich bitte einen Spiralordner in DIN A5 als Arbeitsbuch. Notieren Sie eine Liste von allen Menschen, Unternehmen, Ländern und Institutionen, die Ihren Segen auf dem Weg zu Frieden, Harmonie, Gesundheit und achtsamem Miteinander brauchen. Segnen Sie dann all diese mit Selbstsicherheit, Selbstannahme, Mitgefühl, Selbstwertgefühl, Selbstvertrauen, Selbstbewusstsein, Harmonie, Liebe und innerem Frieden.

DIE GROSSE OHANA

Das Wort Ohana setzt sich aus den beiden Elementen *O* und *Hana* zusammen. Wie wir bereits wissen, bedeutet Hana so viel wie Werk, und O ist der Kreis, das Symbol für die Erde, das Ganze und die göttliche Vollkommenheit, die in Gegenwart, Vergangenheit und Zukunft anfangslos und ohne Ende wirkt.

Die hawaiianische Ohana ist damit immer in allen Aktivitäten (Hana) mit allem, was ist (O), verbunden. Dieses Ganze beschrieb die 2014 verstorbene hawaiianische Priesterin Haleaka, der wir dieses Buch als Zeichen unseres Dankes widmen, als *Ke Akua oi'a'io* – Gott, wie er ist, die absolute Wahrheit. Wie in vielen Kulturen offenbart sich diese persönliche Gottheit als Dreiheit, nämlich als Vater (Schöpfer), Mutter (Erde und Natur als empfangendes und bewahrendes Prinzip) und als Kind (die Lebewesen). Wir (die Pflanzen, Tiere und Menschen) sind Kinder (Geschöpfe) des Schöpfergottes und der Mutter Natur, der Materie. Alle Körper stammen von ihr, und der Geist, der alles beseelt, kommt vom Vater. In dieser Verbundenheit der eigenen Familie (Vater, Mutter, Kind) mit der großen Familie stellen sich die Mitglieder der Ohana in allem Handeln die folgenden Fragen: Dient unser Handeln dem Leben, oder stört es das Leben? Sind wir in unserem Handeln mit dem Kosmos und der unendlichen Intelligenz verbunden? Schauen unsere Ahnen auf uns mit Stolz, da wir dem Leben dienen?

Jede Handlung ist somit eine Entscheidung zwischen den Wertesystemen eins bis fünf. In allem, was wir tun, liebe Leserinnen und liebe Leser, können wir uns gemeinsam diese Fragen stellen: Was ist das Ziel dessen, was ich tue? Dient mein Handeln dem Leben, oder zerstört es weiteres Leben? Was können wir gemeinsam tun, dass wir uns zu Dienern des Lebens entwickeln?

Das Haus, in dem wir leben – das große Ökosystem

Das Wort Ohana besteht aus den drei Silben O, Ha und Na. *O* ist die Urquelle, *Ha* ist der Atem und *Na* bedeutet Gesamtheit. Na macht aus Worten ein Substantiv. Ohana übersetzen wir deshalb auch als »die gemeinsam atmen« oder »die sich mit dem göttlichen Atem verbinden«. Das, was wir uns alle wirklich gemeinsam teilen, ist unser Atem und die Luft (Eaea), die uns sowohl innen wie außen verbindet. Zusammen mit der Pflanzenwelt, die jenen Sauerstoff erzeugt, der uns Menschen und Tiere erhält, sind wir eingebunden in einen wundervollen Kreislauf der Natur von Entstehen und Vergehen. Atmen ist Geben und Nehmen, der Ausdruck des Lebens selbst, wenn wir mit der Geburt unseren ersten Atemzug tun und im Sterben den Kreislauf wieder schließen und ausatmen. Es ist der Rhythmus der Welt, der uns trägt und erhält. Ein Leben ist in Harmonie, wenn Geben und Nehmen im Einklang sind, denn wer nur gibt, wird bald erschöpft darniederliegen, und wer nur nimmt, ist einsam und macht sich unbeliebt. So leben alle Lebewesen in Abhängigkeit von Mutter Natur und Vater Sonne zusammen in einem Haus.

Auch wenn wir uns recht selten der Tatsache bewusst sind, so leben doch alle Lebewesen zusammen in einem großen Ökosystem und sind miteinander verbunden. Dieses Wort »Ökosystem« stammt aus dem Griechischen. *Oikos* heißt Haus, und der Begriff System weist darauf hin, dass man zusammen (*sys*) handelt und ein gemeinsames Thema hat. Wir bewohnen alle dasselbe Haus. Wenn nun ein paar Mieter im Keller Feuer legen (»Oh, ein kleiner Atomunfall.«), oder wenn eine Firma im ersten Stock die Trinkwasserversorgung schließt, sind alle Mieter davon betroffen – alle, denn es gibt kein Lebewesen, keinen Menschen, kein Tier und keine Pflanze, die außerhalb wohnen. Nein, es gibt übrigens auch kein zweites Haus, in das man umsiedeln könnte, und so warnen uns die Cree-Indianer schon seit einiger Zeit vor einer großen Gefahr, denn »erst wenn der letzte Baum gefällt und der letzte Fisch gefangen ist, wird der weiße Mann erkennen, dass man Geld nicht essen kann«. Ja, auch der weiße Mann ist nur Mieter, einer von vielen, im großen Haus seiner Mutter.

Der Segen der Menschen

Jeder Mensch ist mit einzigartigen Fähigkeiten gesegnet, die er nutzen kann, um das Leben zu erhalten oder um es zu zerstören. Doch sein Leben ist kurz und gleicht dabei einem Fluss, der nur in eine Richtung fließt. Man mag alles Geld verlieren und auch wiedergewinnen, doch keine Sekunde kehrt je zurück, weshalb intelligente Menschen jede Minute weise und mit Bedacht zu nutzen suchen. Das Streben wirklich großer Menschen war immer, die Verbundenheit mit Gott zu suchen und dem Ganzen absichtslos zu dienen. Im Wissen, dass sie mit einzigartigen Fähigkeiten gesegnet sind, bemühen sich diese Weisen, das Leben zu bewahren – wie zum Beispiel Ihr Nachbar, der Bienen züchtet; oder Ihre Nachbarin, die alte Gemüsesorten anbaut; oder die Leihoma und der Leihopa, welche Geschichten erzählen. Sie, liebe Leserin und lieber Leser, jeder Mensch ist mit einzigartigen Begabungen, Talenten und Fähigkeiten gesegnet, dem Leben zu dienen.

Die Verbundenheit mit der Urquelle erkennen

Auch wenn Ihnen Ihre Eltern etwas anderes sagten und Sie möglicherweise noch immer an dieser falschen Überzeugung festhalten, sind Sie doch bereits vollkommen, wundervoll und göttlich. Alle Menschen, die dieses Wunder der Vollkommenheit erahnen, bemühen sich, ihre Herzen von der Stimme des materiell gesinnten Egos zu reinigen. Sie segnen und suchen die Allgegenwart dieser kosmischen Göttlichkeit überall zu sehen.

In einem kleinen indischen Dorf lebte ein Junge, der schon seit seinem sechsten Lebensjahr als großer Lehrer bekannt war. Obwohl er nie eine Schule besucht hatte, sprach er mit großer Klarheit, Intelligenz, Güte, Weitsicht und Reinheit. Eines Tages trat ein Skeptiker auf ihn zu und sprach mit spöttischem Lächeln: »Na mein Kleiner. Ich hörte, du weißt, wo Gott ist. Gut, ich gebe dir eine Orange, wenn du ihn mir zeigst.« Darauf lächelte der Junge zurück und antworte: »Gut, und ich gebe dir zwei Orangen, wenn du mir zeigst, wo Gott nicht ist.«

Segnen ist eine geistig-spirituelle Methode, das Gute (Gott) und die kosmische Intelligenz überall zu erkennen. Auch wenn wir uns dessen nur selten bewusst sind, ja vielleicht sogar zugeben müssen, dass wir nichts davon sehen, so ist doch alles von der Energie der Urquelle durchdrungen. In den Gedichten, die zu den großen Werken der Weltliteratur zählen, beschreiben der Nobelpreisträger Tagore, der bengalische Heilige Krishna Chaitanya und der große Sufi Rumi, wie man Gott nicht mit materiellen Augen, dafür jedoch mit den Augen der Liebe erkennen könne. Ohne diese spirituelle Komponente, ohne die Liebe zum Leben bleibt das Segnen auf der Ebene von Wohlwollen, guten Wünschen und Hoffnungen stecken. Segnen bedeutet, aus der Quelle Ihres Herzens zu schöpfen und zu verteilen. Unablässig, ohne auch nur für eine Millisekunde innezuhalten, gibt diese Urquelle allen Seins. Wenn Sie segnen, schenken Sie möglicherweise etwas, das Sie gar nicht besitzen, doch genau das kommt dann wieder als großer Segen auf Sie zurück. Selbst wenn Sie zum Beispiel häufig Zweifel in Ihrem Leben haben, können Sie trotzdem jemanden in Liebe mit Entschlossenheit segnen. Diese Entschlossenheit wird sich dann durch göttliche Gnade in Ihnen manifestieren. Dies ist das Wunder der Segnung, es ist das Handeln im Nichthandeln, wie es die mittelamerikanischen Schamanen der Tolteken, die tibetischen Mönche und die Yogis des Himalaya nennen.

ÜBUNG

Entspannen Sie sich, atmen Sie tief und ruhig. Verbinden Sie sich mit Ihrem Atem. Blicken Sie nun auf einen Baum. Stellen Sie sich folgende Frage: »Ist die Schönheit dieses Baumes in mir oder in diesem Baum?« Atmen Sie weiter und verbinden Sie sich im Herzen mit diesem Baum. Erkennen Sie dann die göttliche Präsenz in diesem Leben. Dieser Baum wird von derselben Lebenskraft bewegt wie Sie. Diese Lebenskraft ist in allem. Segnen Sie jetzt diesen Baum in tiefer Dankbarkeit. Sagen Sie im Herzen zu diesem Baum: »Ich segne dich von ganzem Herzen«, und hören Sie die Antwort des Baumes klar und deutlich in Ihrem Herzen.

BEZIEHUNGEN

Weil alles miteinander verbunden ist, steht auch alles zueinander in irgendeiner Beziehung. Wir leben in einer elementaren Beziehung zur Natur, zu unserem Sonnensystem und zum gesamten Universum. Jeder Ort und jede Zeit hat entsprechend eine eigene Qualität. Wegen dieser Verbundenheit aller Dinge empfiehlt der amerikanische Psychologe Chuck Spezzano in seiner Psychologie der Vision, jedes Problem als einen Beziehungskonflikt zu betrachten. Ob Disharmonie in der Familie, ob Streit mit Kollegen oder schwache Sonne im Horoskop, ob mangelndes Selbstvertrauen, persönlicher Burnout, Erderwärmung oder Bankenkrise, ob Loch im Sparstrumpf, Rentenkürzung, Kündigung oder Ozonloch – jedes Problem ist ein Beziehungsproblem.

Konflikte lösen und Beziehungen heilen

Kūkulu Kumuhana ist ein Teil der uralten Konfliktlösungsmethode Ho'oponopono. *Ho'o* heißt machen und *pono* bedeutet richtig – also richtig-richtig machen, und man meint damit, alle Beziehungen wieder in die Harmonie und die göttliche Ordnung zu stellen. Mit einem Ho'oponopono heilen Sie Beziehungen und führen eine Angelegenheit von der Disharmonie in die Harmonie.

Der Westen kennt Ho'oponopono seit den 1950er Jahren, als Mary Kawena Pukui diese Methode erstmals in ihrem Buch »Nana I ke Kumu« (Schau auf die Quelle) erwähnte. Sie beschrieb Ho'oponopono mit all seinen Komponenten (Pule, Kūkulu Kumuhana, Mahiki, Mihi, Hala, Hihia etc.) als Familientherapie in vier Schritten, um Missverständnisse und Fehlverhalten zu bereinigen. Die Ärztin und Co-Autorin Dr. Erika Haertig schrieb dazu, dass es sich dabei um die wohl effektivste Konfliktlösungsmethode handle, die je in einer Kultur erfunden wurde. Etwa zwanzig Jahre später, in den 1970ern, präsentierte Morrnah Nalamaku Simeona eine modernisierte Variante von Ho'oponopono als Hilfe-zur-Selbsthilfe-Methode in zwölf Schritten. Heute existieren verschiedene Varianten parallel, die je nach Aufgabenbereich in der Sozialarbeit, der psychologischen und heilpraktischen Arbeit sowie in der Friedensforschung Anwendung finden.
Wann immer es ein Problem gab, gleich welcher Art, ob Streit oder Unfall, bei erschwerten Geburten, bei Krankheiten, wenn Pflanzen nicht wuchsen oder wenn man keine Fische fing, wurde der Kahuna-Ho'oponopono gerufen. Der Kahuna-Ho'oponopono ist ein Hüter des Wissens, der ausschließlich für das Ho'oponopono zuständig war. Dieser Heiler untersuchte, wo ein Unrecht in Form von destruktiven Gedanken und respektlosem Verhalten gegenüber sich selbst, anderen Menschen, den Ahnen, der Natur, den Tieren, Pflanzen oder gegenüber Gott geschehen war. Als Ursache für einen Konflikt galt grundsätzlich eine energetische Verspannung, hervorgerufen durch ein Vergehen gegen das kosmische Prinzip der Harmonie (maikai). Das Feinstoffliche gilt als Ursache und das Grobstoffliche als Wirkung. Jeder Gedanke und jedes Verhalten hat also Konsequenzen, und da alles

miteinander in Beziehungen steht, stören respektloses Denken und Handeln die Beziehungen, was schließlich in Konflikten und konkretem Mangel gipfelt. Dieser Konflikt wird im Ho'oponopono durch Beten, Segnen, Entschulden, Verantwortung, wechselseitigem Vergeben, Versöhnung und Loslassen gelöst.

Unsere Kultur verletzter Kinder in Erwachsenen-Körpern kennt verschiedene Versuche, Konflikte zu lösen. In den Ehen sind das Ertragen und Streiten, der Griff zur Flasche, sich zu trennen und beharrliches Schweigen beliebte Strategien, um Konflikte zu lösen. Auf nationaler Ebene gelten Kriege, die Einschränkung der Meinungsfreiheit und Gefängnisse als Mittel zum Zweck. All diese Bemühungen zeigen sich offensichtlich als erfolglos, da die Disharmonie bestehen bleibt. Mit jedem Problem, das man ohne Liebe zu lösen sucht, scheint man ein neues Problem zu schaffen. Konträr zu diesen bekannten Ansätzen lädt man in einem Ho'oponopono die Konfliktparteien oder deren Vertreter ein und setzt sich in einem Kreis zusammen. Unter der Leitung einer natürlichen Autorität (Haku) wird das konfliktauslösende Ereignis geklärt, wird festgestellt, welche Ziele angestrebt werden, gefolgt von einem immateriellen und materiellen Entschulden. Nachdem die materiellen Schulden beglichen worden sind, erlösen alle Beteiligten ihre emotionalen Verletzungen durch vorbehaltloses Verzeihen und Vergeben. Auf der Grundlage eines gemeinsamen Ziels beschließt man, wie man sich in Zukunft verhalten wird, und isst zur Feier des Erfolgs ein gesegnetes Essen. Zu einem Ho'oponopono braucht man den Mut, die ausgetretenen Pfade zu verlassen und sich unter Umständen mit Kontrahenten und Gegnern an einen Tisch zu setzen, doch gerade dies und das besondere Prozedere in einem Ho'oponopono machen es so effektiv. Man muss es praktisch wagen, sich von einem Wertesystem eins, zwei oder drei auf die Ebene vier oder gar fünf zu erheben. Man muss Mut zeigen, über den eigenen Schatten springen und wissen, dass es nichts wirklich zu verlieren gibt, dafür jedoch alles zu gewinnen.

Vergebung ist niemals vergebens

Wie weit Sie sich selbst und andere lieben können, zeigt sich in Ihrer Bereitschaft, sich selbst und anderen vollständig zu verzeihen und zu vergeben. Ihre Fähigkeit, sich selbst und anderen zu vergeben, ist die essenzielle Voraussetzung, um kraftvoll segnen zu können. Segnen und vergeben gehen sozusagen Hand in Hand, und wäre die Liebe ein leckerer Kuchen, so fänden wir unter den Zutaten sicher das Nachsehen von Fehltritten sowie das aufrichtige Bestreben, anderen nur Gutes zu wünschen. Jeder Mensch hat schon mal etwas getan, was man eine Dummheit, eine Missetat oder ein Fehlverhalten nennen könnte. Gleichzeitig wünscht sich jeder, dass man ihm seine Tat doch nachsehen und vergeben möge. Umgekehrt jedoch können oder wollen häufig dieselben Menschen, die für sich Vergebung wünschen, anderen einfach nicht vergeben. Sie unterliegen nämlich dem Irrtum, sie müssten damit die Missetat des anderen gutheißen. Obwohl die Vergebung immer zwischen dem Täter und der Tat unterscheidet, glauben viele Menschen immer noch, zu vergeben bedeute, eine Tat zu rechtfertigen bzw. sich mit dem Täter zu solidarisieren.

Wenn wir einem Täter vergeben, entscheiden wir uns, nicht mehr emotional mit dem Konfliktpartner verbunden zu sein und damit wieder in unsere Kraft zu gelangen. Statt zum Beispiel mit Hilflosigkeit, Groll oder Scham zu reagieren und in einer Opferrolle zu verharren, können wir durch ein Ho'oponopono aufrichtig, eindeutig, klar und bestimmt für eine Wiedergutmachung des entstandenen Schadens eintreten. Häufig halten sich Opfer für mitschuldig, und so führen die Schritte der Selbstvergebung in einem Ho'oponopono zu großen Heilungen im Herzen. Sich selbst und dem Täter zu vergeben führt zu innerem Frieden, in die innere Harmonie und damit zurück in die eigene Kraft. Nach Unfällen, Betrugsdelikten und Gewaltverbrechen fühlen sich viele Opfer häufig extrem kraft- und machtlos. Wut und Zorn wirken wie Toxine auf den Organismus und so sind psychosomatische Beschwerden, allgemeine Schmerzen, Magengeschwüre, Übelkeit, Schlaflosigkeit, rheumatische Beschwerden und Migräne nur ein Ausschnitt der Symptom-Sammlung, weil man noch nicht vergeben hat. Es lohnt sich also, Vergebung zu lernen.

An der Vergangenheit festkleben

Jemandem zu verzeihen bedeutet nicht, sich mit ihm verbrüdern zu müssen, sondern in eine neutrale Beobachterposition und an einen Punkt zu gelangen, an welchem man aus eigener Kraft jemandem bewusst »adieu« sagen kann. Solange man allerdings Menschen etwas nachträgt und sie deshalb bewusst ignoriert oder ihnen ängstlich aus dem Wege geht, gibt man diesen Menschen auch Macht, und man selbst bleibt unfrei. Erst wenn man vollständig verziehen hat, ist das energetische Band, das Täter und Opfer aneinander bindet, durchtrennt, und die Gefahr, einen neuen Täter durch unbewusste Schuldgefühle einzuladen, ist vorüber. Dieses Band wird *Aka* (Schnur) genannt, und sowohl die

Kahunas (die Fachleute der Huna) als auch die japanischen Schamanen und Tolteken-Krieger Zentralamerikas umschreiben diese Schnüre als eine intensiv-klebrige, feinstofflich-leuchtende Substanz. Mit jedem negativen Gedanken an einen Täter verlieren Sie zum einen konkret an Lebens- und Vitalenergie (Mana und Ki), und gleichzeitig machen Sie das Seil der energetischen Verbindung dicker und fester. Je mehr Sie in Groll an einen Täter denken, umso stärker fesseln Sie sich selbst. Wir bitten Sie deshalb, all Ihre Opfer-Täter-Seile durch bewusstes Segnen und Vergeben zu durchtrennen und so wieder in Ihre Kraft zu kommen.

ÜBUNG

Denken Sie an einen Menschen, dem Sie bisher noch nicht vergeben konnten. Sagen Sie nun laut, während Sie zwischen jedem Satz bewusst atmen: »Ich öffne mich für die Möglichkeit, dir zu vergeben. Ich bitte um den Segen und die Kraft, dich loslassen zu können. Ich segne diesen Augenblick. Ich bitte um den göttlichen Segen der Heilung aller Beziehungen. Ich danke für die Heilung von allen Beteiligten im Hier und Jetzt.«

Das freundliche Kamel und ein Skorpion in Nöten

Gerade übertriebene Opfer- und Hilfsbereitschaft, die Unfähigkeit, »Nein« zu sagen und sich gegen emotionale Erpressung abzugrenzen, resultieren in vielen Fällen aus verborgenen Schuldgefühlen und der tiefen Überzeugung von der eigenen Wertlosigkeit. Indem man durch die Gnade der Vergebung die Opfer-Brille und den selbst auferlegten Tunnelblick ablegt, erlangt man sein klares Einschätzungsvermögen zurück. Was allerdings passiert, wenn man sich sozusagen »einwickeln« lässt, davon erzählt diese alte Lehrgeschichte.

Einst trank ein Kamel gerade etwas Wasser am Ganges, als ein Skorpion es wie folgt ansprach: »Verehrtes Kamel, ich muss ganz dringend auf die andere Seite des Flusses, weil meine Tante krank ist und mich erwartet. Ich bin der Einzige, der ihr helfen kann, da ich verstehe, eine gute Suppe zu kochen. Kamele sind die besten Schwimmer weit und breit. Bitte sei so barmherzig und bringe mich hinüber.« »Du bist doch ein Skorpion? Wenn ich dich auf meinen Rücken steigen lasse, wirst du mich stechen, und ich muss sterben«, antwortete das Kamel. Darauf der Skorpion: »Oh, wie kannst du nur so etwas von mir denken? Wenn wir gerade mitten im Fluss sind und ich dich steche, so werde doch auch ich ertrinken. Vertraue mir, ich und meine Tante, wir brauchen deine Hilfe.« Nach diesen Worten ließ sich das Kamel nieder, und der Skorpion kletterte auf einen der Höcker. Das Kamel watete in den Fluss. Beide unterhielten sich, und der Skorpion berichtete von seiner Familie. Als das Kamel und der Skorpion sich etwa in der Mitte des Flusses befanden, ließ der Skorpion seinen Stachel in der Sonne blitzen und stach mit großer Kraft zu. Mit schmerzverzerrtem Gesicht fragte das

Kamel: »Warum hast du das getan?« Worauf der Skorpion antwortete: »Ich konnte nicht anders.«

Vergebung ist eine geistig-spirituelle Reinigung auf allen drei Daseinsebenen, für Körper, Geist und Seele. Wenn man sich nicht mehr schuldig fühlt und seinen Selbstwert erkennt, hat man die Kraft, »Nein« zu sagen. Zum Beispiel: »Nein, ich möchte dir nicht helfen. Ich habe eine Erfahrung gemacht, und ich habe dir vergeben. Ich möchte es nun dabei belassen. Ich segne dich, dass du es allein oder mit anderer Hilfe schaffst.« Diese Standhaftigkeit hilft dem Missetäter möglicherweise, über sich nachzudenken. Ob er sich ändert, wissen wir nicht, doch über Jahrzehnte angelegte Studien der Harvard-University haben gezeigt, dass Menschen die natürliche Neigung besitzen, sich entsprechend den Erwartungen ihres sozialen Umfeldes zu verhalten. Wenn Sie zum Beispiel glauben, dass Ihre Kinder nie aufräumen, dann dürfen Sie diesen auch gerne weiterhin hinterherräumen. Wenn Sie glauben, Ihr Partner werde Sie sicher verlassen, dann werden Ihr Verhalten, Ihre Fragen, Ihre Unsicherheit, Ihre Angst und Ihre Vorwürfe ihn oder sie dazu bringen, Ihre gemeinsame Beziehung in Frage zu stellen und Sie möglicherweise zu verlassen. Auf diese Weise glauben Menschen irrtümlich, sie seien Opfer, obwohl sie exakt das kreierten, woran sie die meiste Zeit dachten.

Vergebung als Voraussetzung für Erfolg im Leben

All Ihre Verletzungen stammen aus einer nahen oder fernen Vergangenheit, und diese nicht zu erlösen und zu heilen gleicht dem Fahren eines Autos mit angezogener Handbremse. Menschen gehen durch das

Leben und merken häufig nicht, dass sie etwas am Vorwärtskommen hindert, und das sind primär die verbalen oder körperlichen Misshandlungen, die noch immer im Erwachsenen-Körper widerhallen und wirken. So dreht sich das Leben im Kreis, und irgendwann geht es dann nicht mehr weiter. Verlust und Schmerz sind die Folgen.

Wenn Sie in Ihrem Leben erfolgreich sein wollen, dann ist es nötig zu lernen zu vergeben. Als erfolgreiche Mutter oder erfolgreicher Vater müssen Sie Ihren Kindern vergeben können, und als erfolgreiche Geschäftsfrau bzw. erfolgreicher Geschäftsmann, muss man seinen Kunden und Geschäftspartnern verzeihen können. Manchmal kann es Zahlungsausfälle geben, oder jemand kann seinen Liefertermin nicht einhalten. Vielleicht fällt man auf einen Betrüger herein, oder die Bank kündigt einen Kredit. Vielleicht hat man gerade ein neues Firmengebäude erworben, und der Makler hat Baumängel verschwiegen. Erfolgreiche Menschen jedoch haben gelernt zu vergeben. Sie suchen nach Lösungen, während erfolglose Menschen häufig weiterhin auf das Problem starren und nach einem Schuldigen suchen. Wer an den Ereignissen der Vergangenheit mit Kritik hängt, gleicht jemandem, der einen Hang hinabfährt und dabei unablässig in den Rückspiegel schaut. Wir empfehlen Ihnen deshalb, sich einfach an Konfuzius zu orientieren, der bemerkte: »Wer nur zurückschaut, kann nicht sehen, was auf ihn zukommt.«

ÜBUNG

Segnen Sie jetzt Ihre Vergangenheit, denn alles, was geschah, diente nur dazu, Sie wachsen zu lassen. Sagen Sie jetzt: »Ich habe wichtige Erfahrungen für meine erfolgreiche Zukunft gemacht, und ich segne jetzt meine Vergangenheit.«

Die Evolution des Bewusstseins und der gemeinsame kosmische Plan

Um ein Problem zu lösen, können Sie sich fragen, welche Beziehungen Sie erleben möchten. Wollen Sie eine sogenannte Lose-lose-Beziehung, in der alle verlieren, eine Win-lose-Beziehung, in der einer gewinnt und einer verliert, oder streben Sie nach Win-win-Beziehungen, in welchen beide Seiten gewinnen? Bevorzugen Sie neutrale, ablehnende oder kreative Beziehungen, co-abhängige oder co-engagierte Beziehungen?

Wie es auch sein mag, wir glauben daran, dass das Ziel unserer menschlichen Evolution unter anderem mit darin besteht, uns gemeinsam als Menschen zu liebevollen, mitfühlenden, kreativen und dem Leben dienenden Wesen zu entwickeln. Die alten Hawaiianer, die keinen materiellen Besitz anhäuften und nur *Mana*, das heißt besondere Fähigkeiten und Energie, vererbten, sahen Erfolg darin begründet, in Harmonie mit dem Leben zu sein und einem gemeinsamen kosmischen Plan zu folgen. Ein Fischer versuchte also nicht, Häuptling zu werden, und jemand, der gut Kanus bauen konnte, stellte dieses Können gerne der Ohana zur Verfügung. Alle persönlichen Fähigkeiten und Talente zu nutzen, um dem Leben zu dienen, ist sicherlich ein großer Segen für die Welt. In der Genesis lesen wir »seid fruchtbar und mehret euch« und erkennen schließlich, dass das Leben selbst dient, heilt, segnet und vermehrt. Wenn Sie sich beim Karotten-Schneiden verletzen, werden augenblicklich all Ihre Selbstheilungskräfte aktiviert, um die Wunde zu schließen. Das Leben ist nicht so boshaft und schneidet Ihnen auch noch in den anderen Finger. Das Leben heilt, und um die Wunden der Welt zu schließen, bitten wir Sie, sich dem Leben und Ihrem kosmischen Plan zu öffnen, zu segnen, zu vergeben und die Geschichte in Liebe zu heilen.

Wer sein Leben mit der Evolution des Bewusstseins in Einklang bringen möchte, wird an einen Punkt gelangen, der nach einer Entscheidung verlangt: Will ich mich der Liebe öffnen oder diese Aufgabe auf später verschieben? Wer trotz der vielen Angebote und verschiedenen Methoden nicht vergeben will, bleibt leider ein emotional und mental gebrochenes Wesen, weil das Herz verschlossen bleibt, oder, wie die Weisheit spricht: »Das kalte Herz nach Rache sinnt, sich selbst und andren Unglück bringt.« Im Leben gilt es primär dreimal zu vergeben. Erstens den Eltern, zweitens sich selbst und drittens allen anderen. Wer sich also zu einer reifen Persönlichkeit (Kanaka Makua) entwickeln möchte, muss seinen Eltern vergeben, und diese wissen meistens sogar warum und worum es geht. Niemand, der seinen Eltern grollt und etwas nachträgt, ist frei. Egal wie alt man sein mag – solange man mit den Baustellen der Kindheit beschäftigt ist, kann man nicht als erwachsen gelten. Selbst wenn man fünfzig, sechzig oder älter ist, steckt man doch in den Kinderschuhen, sofern man seinen Eltern nicht vergeben hat.

Ho'oponopono und Kūkulu Kumuhana

Wenn Menschen zusammenleben, entstehen Reibungen, und je enger es wird, umso heißer kann es hergehen. Ähnliches passiert hin und wieder in den Bambuswäldern von Malaysia. Dort weht ein leichter Wind, und die Bambusrohre wiegen sich hin und her. Reiben zwei trockene Rohre nur lange genug aneinander, entsteht große Hitze, und schließlich brennt es dann richtig. Man mag sich dann fragen, wo oder wer die Ursache war? War es der rechte oder der linke Bambus, war es der Wind, oder war es die Sonne? Genauso entstehen zwischenmenschliche Konflikte, wenn wir zum Spielball unserer Gedanken, Gefühle und leidvollen Erinnerungen werden. Die Egos reiben sich gern aneinander, wenn sie nicht gleicher Meinung sind, und wir können uns vorstellen, wie schwierig es wird, wenn man auf einer Insel zusammenleben muss, die viele, viele Meilen vom nächsten Festland entfernt ist. Sollten wir den verhassten Nachbarn vielleicht einfach ins Meer werfen? Nun, Hawaii ist etwas Besonderes, und hier, abgeschieden unter dem Schutz der Vulkan-Göttin Pele, inmitten des Ozeans des Friedens, entwickelte man für alle Probleme die Methode »Richtig-Richtig-Machen« bzw. Ho'oponopono.

Das Ziel von Ho'oponopono

In einem Ho'oponopono werden Missverständnisse und Fehlverhalten gelöst, Beziehungen geheilt, einzelne Personen oder eine Ohana, zum Beispiel eine Familie oder eine Firma, von der Disharmonie in die Harmonie geführt. Es berührt dabei die drei großen Lebensfelder (1) Partnerschaft und Beziehungen, (2) Beruf, Berufung und Finanzen und (3) die Erhaltung der Gesundheit. Durch das Vergebungsritual werden die vier grundlegenden Beziehungen geheilt.

1. Die Beziehung zu sich selbst, um sich damit primär von Schuldgefühlen zu lösen.
2. Die Beziehung zu anderen Menschen, das bedeutet primär, die Beziehung zu den Eltern zu heilen. Damit lösen sich der Großteil aller Konflikte in Ehen, Partnerschaften und am Arbeitsplatz von selbst, weil diese nur als Projektionsfläche frühkindlicher Verletzungen dienen.
3. Die Beziehung zur Natur, den Elementen, den Tieren und Pflanzen. Es ist eine Folge der Heilung der Beziehung zur eigenen Mutter als nährendes Prinzip und der Beziehung zum Vater als schöpferisches Prinzip.
4. Die Beziehung zur Urquelle, Gott, was die Sicherheit und das Vertrauen ins Leben mit einbezieht.

Die einzelnen Schritte eines Ho'oponopono

1. *Pule* – das Zusammenkommen, die gemeinsamen Gebete und die Verbindung. Das ist auch die Zeit für ein Kūkulu Kumuhana. Es wird das positive Ziel bestimmt und durch die intensive spirituelle Verbindung geradezu besiegelt. Alle segnen einander für eine blühende Zukunft und den erfolgreichen Ausgang des Ho'oponopono.
2. *Mahiki* – ist das Finden und Identifizieren des Problems. Es ist eine Diskussionsphase, denn das, was zunächst als Problem beschrieben wurde, kann schnell in den Hintergrund treten, und andere Verletzungen können in den Vordergrund rücken. Wie bei einem Eisberg ragt nämlich nur ein Fünftel aus dem Wasser. Der gefährliche Teil hingegen, die Ursachen des Konflikts liegen im Verborgenen, und daran kann man wie damals die Titanic leckschlagen.
3. *Mihi* – bezeichnet das Zurückgeben von materiellen und immateriellen Schulden sowie das wechselseitige Verzeihen und Vergeben aller Beteiligten.
4. *Kala* – das Loslassen bzw. das Nicht-mehr-Festhalten am Konflikt. Alle negativen Vorbehalte werden entlassen, und die Angelegenheit wird der Urquelle übergeben. Die Konfliktparteien beschließen, sich ab sofort konstruktiv zu verhalten; indem man sozusagen nach einem anderen Rezept kocht, bekommt man auch etwas Neues vom Leben serviert. Das angestrebte Ziel wird noch einmal in einer gemeinsamen Feier mit einem gemeinsamen Essen bekräftigt. Gerade dieses gemeinsame Festmahl hat einen besonderen Stellenwert, da man nicht nur für das eigene Wohl kocht, sondern vor allem für Gott. Dieses Gefühl der Freude, später gemeinsam

> mit Gott und den Ahnen zu essen, wird Aloha genannt, und Indienreisende kennen dieses gemeinsame Essen als *Prasad* (Hindi: Barmherzigkeit).

Blockaden und einschränkende Glaubenssätze, schlechte Gewohnheiten und destruktive Überzeugungen sowie alle negativen Gefühle, die unsere Beziehungen beeinträchtigen, wirken wie die Viren auf einem Computer. Hat man auf seinem Rechner einen sogenannten Virus, erhält man falsche Ergebnisse und die Systemabstürze, und für das Leben bedeutet das konkret Missverständnisse, Fehlverhalten, möglicherweise Bandscheibenvorfälle, Misserfolge, Hilflosigkeit, Resignation, Burnout, Scheidungen usw.
Stellen Sie sich vor, Sie seien ein Computer. Ihr physischer Körper, Ihre Aura, Ihr Zellgedächtnis und Ihr Gehirn sind die Hardware, und Ihre Art zu denken ist die Software. Wenn Sie das falsche Programm, wie destruktive Glaubenssätze geladen haben oder die Festplatte einfach voll ist, müssen Sie ein neues Programm starten und alte Daten löschen. Wenn Sie auf einem Taschenrechner eine neue Rechnung eingeben wollen, dann müssen Sie erst auf C drücken und die Ziffern der letzten Rechnung löschen. Ho'oponopono ist eine mächtige innere Reinigung, mit der Sie sich von alten Daten, Erinnerungen, Schuldgefühlen etc. befreien können. Die »unreinen« Daten, die mentalen Viren, müssen gelöscht werden, damit man glücklich, in Harmonie und innerem Frieden leben kann.
Mit dem Gebet (Schritt 1, Pule) wird das Anti-Virenprogramm gestartet. In der Diskussionsphase (Schritt 2, Mahiki) werden daraufhin alle Viren und Trojaner identifiziert, durch das Entschulden, Verzeihen und Verge-

ben (Schritt 3, Mihi) kommen die Störprogramme in Quarantäne, und mit dem Befehl Loslassen (Schritt 4, Kala) schließlich löscht das oberste Betriebssystem, das Göttliche in Ihnen, alle Viren und Trojaner von der Festplatte. Was bleibt, ist ein Protokoll in Form Ihrer reinen Erfahrungen.

Ho'oponopono basiert auf dem Verständnis, dass wir in einem Universum der Fülle leben und sich *Akua*, die Urquelle, diese Fülle (Piha pono wai wai) auch für uns wünscht. Das Einzige, was der Erfahrung von materiellem und geistig-spirituellem Wohlstand, dem liebevollen Miteinander aller Menschen im Einklang mit der Natur entgegensteht, sind wir selbst, gefangen durch unsere Art zu denken (Ike). So steht im Zentrum eines Ho'oponopono immer das Gebet (Pule), die Verbindung zu Gott und den Ahnen, welche die negativen Daten, die leidvollen Erinnerungen und energetischen Verspannungen löschen und unsere Herzen reinigen.
Je nach Situation und Konfliktfeld kommt eine Variante des Ho'oponopono als traditionelle Familienkonferenz oder als moderne Hilfe-zur-Selbsthilfe-Methode oder als vereinfachtes Ho'oponopono zu tragen, und sicher haben Sie schon von den vier berühmten Sätzen gehört, mit welchen man im vereinfachten Ho'oponopono arbeitet. Diese vier Sätze sind eine Zusammenfassung und repräsentieren den mittleren Teil Mihi, das wechselseitige Vergeben:

- Es tut mir leid – ich akzeptiere das Negative / das Der-Liebe-Entgegengesetzte in mir.
- Bitte verzeihe mir – ich verzeihe mir das Negative in mir, ich verzeihe dir.

- Ich liebe dich – ich liebe den göttlichen Teil in dir und liebe die Situation im Prozess der Heilung.
- Danke – ich erlaube die Heilung und danke für die Erfahrung.

Kūkulu Kumuhana ist ein Teil im ersten großen Schritt, wenn sich die Ohana versammelt hat und der Konflikt offenliegt. Jetzt kommt man zusammen, sammelt sich, atmet zusammen, singt und betet. Dann sammelt die Ohana ihr Mana, ihre Energie, und spricht von Herzen einen machtvollen Segen, das Wort ('olelo), womit der gute Ausgang und die erfolgreiche Zukunft besiegelt wird.
Für eine detaillierte Anleitung von Ho'oponopono empfehlen wir Ihnen das Buch »Das Wunder der Vergebung«. Ho'oponopono lernt man wie Autofahren, nämlich in Theorie und Praxis. Wir haben gesehen, wie Menschen ihre Blockaden auflösten und die Kontrolle über ihr Leben erlangten. Sollten Sie Interesse haben, diese persönliche und zwischenmenschliche Konfliktlösungsmethode zu lernen, dann besuchen Sie einfach eines unserer Seminare.

ÜBUNG

Schreiben Sie bitte eine Liste mit fünf Punkten, die Sie in Ihrem Leben gerne verändern möchten. Formulieren Sie alle Punkte positiv und in der Gegenwartsform, als hätten Sie Ihr Ziel bereits erreicht. Schreiben Sie anstelle *Ich will nicht mehr so lange schlafen* »Ich bin ein Frühaufsteher«. Achten Sie darauf, schöpferisch zu denken, denn das Göttliche denkt stets konstruktiv. Ihre Wünsche dürfen auch keine Verneinung beinhalten, wie zum Beispiel: »Meine Kinder lassen alles liegen, und ich will nicht mehr hinterherräumen.« Schreiben Sie statt dessen: »Ich fühle mich wohl. Es ist aufgeräumt. Unsere Wohnung ist schön, und ich finde alles.«

Unser Selbstbild – ein Segen oder Fluch?

Sie heilen Ihre Beziehung zu sich selbst, indem Sie lernen, (1) sich selbst anzunehmen (mit all Ihren Schwächen und Stärken), (2) sich selbst zu vergeben, sich dann (3) selbst zu segnen und sich schließlich (4) zu ändern, das heißt zu der Person zu entwickeln, die Sie tief in Ihrer Seele sind. Schritt für Schritt schließen Sie die Lücke zwischen dem, was Sie gerade sind, und dem, was Sie gerne sein wollen. Finden Sie deshalb beides, nämlich Ihren Standort und Ihr Ziel, heraus. Segnen Sie dann all das, denn Sie selbst sind ein Segen für die Welt, wenn Sie das sind, was Sie sind – nicht mehr und nicht weniger. Segnen Sie sich, segnen Sie Ihren Weg und segnen Sie Ihr Ziel. Die folgende kurze Geschichte erzählt von diesem Weg, dem Ziel und von der Bestimmung.

In einem Antiquitätenladen stand eine kleine Porzellan-Tasse. »Oh, wie hübsch«, sagten alle. Jeder bewunderte diese einzelne Tasse, übrig geblieben aus einer großen Ohana, einem vierundzwanzigteilligen Service. Die Tasse erzählte: »Zuerst war ich in der Erde, viele tausend Jahre lang; und dann wurde ich immer und immer wieder gewaschen. Das war nicht angenehm. Danach warf man mich auf eine Drehscheibe und mir wurde ganz schlecht. Ich wurde gepresst und gedrückt und schließlich in einen Ofen geschoben. Die Hitze war kaum zu ertragen. Jetzt stehe ich hier, und jeder bewundert mich. Alle glauben, ich sehe schon immer so aus, doch ich komme aus der Erde, und mein Weg war weit.«

Liebe Leser, es kommt nicht darauf an, woher wir kommen oder was wir getan haben. Das Einzige, was zählt, ist, wer wir sind und wohin wir gehen. Segnen Sie sich, segnen Sie Ihren Weg, und segnen Sie Ihr Ziel. So sind Sie ein Segen für die Welt – danke.
Unser Selbstwertgefühl hängt stark davon ab, inwieweit wir es geschafft haben, gemäß unserem besten Wissen, unserem Gewissen und unseren Werten zu leben. Selbst wenn wir andere dafür verantwortlich machen, wie schlecht unser Leben aussieht, so fühlen wir uns doch mitschuldig am Versagen. Trotz unserer Vorwürfe bleibt unser Selbstwertgefühl

weiterhin gering, weil wir uns selbst verraten haben. Sich zu beschweren und zu jammern bringt uns also keinen Schritt weiter, weshalb erfolgreiche Menschen für alles in ihrem Leben die Verantwortung übernehmen. Wann immer Sie sich beklagen, sagen Sie einfach: »Ich segne diese Situation und übernehme die Verantwortung.« So wechseln Sie vom Reagieren zum Agieren. Je mehr Sie agieren, umso mehr Kontrolle haben Sie über Ihr Leben, und das wiederum steigert Ihr Selbstbewusstsein und Ihr Selbstwertgefühl. Durch dieses Verantwortungsbewusstsein erschaffen Sie ein positives Bild von sich.

Niemand kann erfolgreich sein, der von seiner eigenen Wertlosigkeit überzeugt ist, und Menschen mit wenig Selbstwertgefühl, die ein schlechtes Bild von sich haben, können nur schwach segnen – es ist wie ein lascher Händedruck. Erinnern Sie sich deshalb bitte immer wieder daran, dass Sie ein ewiger Teil der kosmischen Urquelle sind, vollkommen in Ihrer Seele, und mit allem, was Sie brauchen, gesegnet sind. Gott hat ein vollkommenes Bild von Ihnen, und das könnte auch Ihr Selbstbild sein; das Bild von einem Menschen, der dem gemeinsamen kosmischen Plan folgt und sich und andere liebt. Ob Sie das Segnen nun als Energieübertragung betrachten oder als ein Vorgang, bei dem Sie wie im Reiki ein Mittler oder Überbringer sind – dieses wahre Bild von sich zu haben ist sicher von Vorteil.

ÜBUNG

Bitte sprechen Sie mehrmals täglich die folgenden Bejahungen, wie sie auch der Experte für Huna, Ho'oponopono und geistiges Heilen, Dr. Diethard Stelzl, empfiehlt: »Ich bin ein ewiger Teil Gottes. Ich bin ein Teil von Gott, und Gott ist ein Teil von mir. Ich danke für den göttlichen Segen. Ich danke für die göttliche Weisheit. Ich danke für die göttliche Gnade. Ich danke für die göttliche Liebe. Ich danke für mein Leben. Ich danke für mein Sein. Das Leben ist schön. Danke für die für mich beste Lösung. Mahalo Ke Akua. Danke, Danke, Danke! Aloha!«

DER SEGEN DER ELTERN

Wir möchten Sie jetzt einladen, einen großen Sprung in Ihrem Leben zu machen, indem Sie um den Segen Ihrer Eltern bitten. Dieser besondere Segen galt und gilt in allen Kulturen als eines der wichtigsten Rituale auf dem Weg zur Reife. Der Segen der Eltern, wurde erbeten, um das Elternhaus zu verlassen, auf Reisen zu gehen, einen Beruf zu ergreifen und um zu heiraten. So wie Gott-Vater-Mutter alles erschuf, so sind wir Geschöpfe unserer Eltern, und tief in ihren Herzen sehnen sich alle Menschen nach der Liebe und Anerkennung ihrer Eltern.

Der Segen der Eltern gibt Kraft und Vertrauen, und dabei spielt Ihr Alter keine Rolle. Mögen Sie vierzig, fünfzig, sechzig oder siebzig Jahre alt sein, der Segen Ihrer Eltern wird Sie befreien und den größten Teil Ihrer Probleme verschwinden lassen. Selbst wenn Ihre Eltern schon gestorben sind, können Sie noch ihren Segen bekommen, indem Sie einen Brief schreiben. Diese Gewissheit, von den Eltern angenommen und gesegnet zu sein, gibt jedem Menschen eine grundlegende Sicherheit.

Sollten Sie jemanden kennen, dem es egal ist, wie seine Eltern über ihn denken, so hören Sie bitte nochmal genau in Ihr Herz und fragen Sie sich, ob das die Wahrheit ist. Ist die Gleichgültigkeit eines Menschen gegenüber dem Segen seiner Eltern vielleicht nur eine Mauer, um nicht weiter verletzt zu werden? Das Innere Kind ist verletzt, und das

Ego will keine Schwäche zeigen, doch als ein soziales Wesen braucht und wünscht sich jeder Mensch tief in seinem Herzen die Anerkennung seiner Eltern; es ist ein Grundbedürfnis. Als Säugling sind wir reine Liebe, und wenn unsere Eltern selbst große emotionale Verletzungen in sich tragen, wird diese elterliche Zuneigung gestört. Umarmungen, Anerkennung, Wertschätzung und der Segen der Eltern sind elementare Bausteine, um sich zu einem emotional stabilen Menschen zu entwickeln. Leider war es bis in die 1960er Jahre hinein üblich – und ist auch heute noch verbreitet –, den Willen des Kindes frühzeitig zu brechen. Frei nach dem Motto »Kinder mit 'nem Will'n, krieg'n was auf die Brill'n« lautete die Empfehlung der klassischen Erziehung: »Lass das Kind schreien, denn das kräftigt die Lungen.« Das Ergebnis dieser von gebrochenen Erwachsenen erzogenen Kinder sind gebrochene Individuen, die Schwierigkeiten haben, ihre Bedürfnisse zu artikulieren. Psychologen, Psychiater, Heilpraktiker und Lebensberater fassen demzufolge das hauptsächliche Thema ihrer therapeutischen Sitzungen in zwei Worten zusammen: die Eltern.

Der Amerikaner Dr. Wayne Dyer erwähnte in einem Vortrag, dass es nie zu spät sei, eine glückliche Kindheit zu haben. Sicher, viele Menschen wurden von ihren Eltern misshandelt, doch weiterhin mit Trauer, Groll oder Resignation auf diese Ereignisse zu schauen macht das Leben nicht besser. Selbst wenn wir nicht ändern können, was damals geschah, so können wir doch mit absoluter Gewissheit ändern, wie wir darüber denken.

Bitte betrachten und hören Sie den Unterschied folgender Aussagen von Torsten, einem Seminarteilnehmer: »Meine Eltern waren Alkoholiker. Mein Stiefvater, das Schwein, hat mich verprügelt, während meine Mutter feige zusah. Ich hasse beide.« Auf dieser Zeitlinie (die kausale Folge von Vergangenheit 1) erlebte Torsten über Jahre hinweg Hass, Trauer, Wut, Misserfolg und Unrecht und in der Folge persönlichen und beruflichen Misserfolg. Nach dem Ho'oponopono kreierte Torsten eine neue Vergangenheit (Vergangenheit 2) und erschuf eine neue Gegenwart durch Mitgefühl und Verständnis: »Meine Eltern waren alkoholabhängig und krank. Mein Stiefvater hatte keine Kontrolle über sich und hat mich verprügelt. Meine Mutter war schwach und konnte mich nicht beschützen. Ich habe ihnen vergeben.« Obwohl faktisch das Gleiche geschah, fühlte sich Torsten erleichtert und konnte mentale, seelische und körperliche Spannungen entlassen. Sein ganzes Allgemeinbefinden und sein gesundheitlicher Zustand verbesserten sich rasch. Im Rückblick auf die neu geschaffene Zeitlinie erkannte er, was er alles gelernt hatte, und nutzt heute seine Erfahrungen als Segnungen, um sich und anderen weiterzuhelfen.

So wie Torsten seine Vergangenheit neu definierte und seine Gegenwart und seine Zukunft neu kreierte, genauso können auch Sie ein neues Jetzt und eine neue Zukunft für sich erschaffen. Wenn Sie im Geiste eine neue Position der Betrachtung einnehmen, sieht die Welt plötzlich ganz anders aus.

Die alte hawaiianische Vorstellung beruht darauf, dass wir Menschen vor unserer Geburt verschiedene Abmachungen treffen, die wir später zwar vergessen, die aber nichtsdestotrotz in unserem Lebensplan wirken. Öffnen Sie sich bitte einfach einmal dieser Vorstellung, dass Sie sich vor Ihrer Geburt in einem Zustand völliger Sicherheit und Freiheit Ihre Eltern bewusst ausgesucht haben, um etwas Bedeutendes zu lernen. Was könnte das sein? Warum hätten Sie sich genau diese Eltern ausgesucht, die Sie verletzt haben? Welche Aufgabe hätten Sie sich gemeinsam gestellt? Welche Bürden wollten Sie auf sich nehmen? Welch höherer Sinn mag darin verborgen sein, dass Ihnen das Universum diese Eltern übergab? Suchen Sie nun nach einer Antwort der Liebe und segnen Sie dann Ihre Kindheit als genau das, was Sie erleben mussten, um zu wachsen.

Der Segen Jakobs an seine Söhne – die zwölf Stämme Israels

Abraham, Isaak und Jakob (Vater, Sohn und Enkel) gelten als die Stammväter der Juden, obwohl sie religionsgeschichtlich selbst noch keine waren. Sie lebten vor etwa 3800 Jahren, also rund 1800 Jahre vor Christi Geburt, im Lande Kanaan, dem jetzigen Israel zwischen dem Jordan im Osten und dem Mittelmeer im Westen. Dieses Gebiet einzelner Stadtstaaten und halbnomadischer Stammesfürsten, zwischen Phönizien und Ägypten im Norden und Süden, mit der indischen Hochkultur und Persien im Rücken kann man als einen Schmelztiegel unterschiedlichster Kulte bezeichnen.

Der Geschichte nach erwarb Jakob das Erstgeburtsrecht von seinem älteren Zwillingsbruder Esau im Tausch gegen ein Linsengericht. Als der Vater Isaak, nahezu erblindet auf dem Sterbebett liegend, seinen einzigen Segen an seinen ältesten Sohn weitergeben möchte, gibt sich Jakob als Esau aus und erschleicht sich so das Mana seines Vaters. Als Esau wenig später eintrifft, war der Segen bereits auf Jakob übertragen, und so blieb für ihn nichts mehr übrig außer die Aussicht und Verheißung auf eine wenig hoffnungsvolle Zukunft.

Um dem Zorn des betrogenen Bruders zu entgehen, reiste Jakob zu seinem Onkel Laban, und nachdem er diesem insgesamt zwanzig Jahre

lang gedient hatte, kehrte er nach Kanaan zurück. Noch immer die Rache Esaus fürchtend, traf Jakob in der Nacht vor seiner Ankunft auf ein unbekanntes Wesen, mit welchem er kämpfen musste. Von diesem Wesen erhielt er einen Segen und einen neuen Namen. So hieß er von jetzt an Israel (eine Übersetzung lautet: der für Gott streitet). Seine zwölf Söhne bzw. deren Nachfahren nennt man entsprechend die zwölf Stämme Israels, die Kinder Israels oder einfach die Israeliten. Der spätere Segen Jakobs, den er seinen zwölf Söhnen spendete, ging in die Geschichte ein, da Jakob jedem seiner Söhne mit dem Segensspruch auch ein Schicksal weissagte, das jeweils der jüdischen Tradition entsprechend gedeutet wurde. Die Namen der zwölf Söhne Jakobs bzw. Israels, der zwölf Stämme, heißen Ruben, Simeon, Levi, Juda, Dan, Naftali, Gad, Ascher, Issachar, Sebulon, Josef und Benjamin.
Im weiteren Verlauf der biblischen Geschichte bevorzugt Jakob seinen Sohn Josef, was den Zorn der anderen Brüder erweckt. In ihrem Neid beschließen sie zunächst, Josef zu töten, verkaufen ihn dann jedoch an vorbeiziehende Kaufleute. Ihrem Vater zeigen sie einen in Ziegenblut getränkten Mantel und berichten, dass Josef von einem wilden Tier verspeist worden sei.
Josef gelangt nach Ägypten, wo er bald zum zweitmächtigsten Mann im Staate aufsteigt, nachdem er das Land vor einer siebenjährigen Hungersnot bewahrt hat. Nach zweiundzwanzig Jahren begegnen sich Vater Jakob und Sohn Josef in Ägypten wieder, wobei Jakob überglücklich Josefs Söhne, Manasse und Ephraim, segnet und als seine eigenen annimmt. Der Segen des Vaters an seinen Sohn geschieht üblicherweise, indem der Vater seine rechte (die »richtige«) Hand auf den ältesten Sohn (den Erstgeborenen) legt und seinen Segen spricht. Im

Falle des Segens Jakobs an Manasse und Ephraim überkreuzt Jakob seine Arme und segnet zuvor den jüngeren Ephraim, was das Missfallen Josefs erregt.
Wie im Falle Jakobs, der später Israel hieß, ist es in vielen Kulturen üblich, den Namen während einer Einweihung in mystische oder spirituelle Traditionen zu ändern. Jeder Name trägt eine Bedeutung und Schwingung, und sobald sich die Grundschwingung eines Menschen ändert, muss sich auch der Name ändern. So ist zum Beispiel die christliche Taufe eine Segnung durch den Heiligen Geist. Erst mit dieser Einweihung erhält das Kind seinen Namen. Eine weitere Initiation ist es, von Gott angeblickt zu werden, um so für das Leben und den spirituellen Weg gesegnet zu sein.

Jesus erhält den Segen von JHWH im Tempel

Es ist jüdische Tradition, einen Säugling vierzig Tage[6] nach seiner Geburt in den Tempel zu bringen, damit Gott, JHWH, ihn ansehe und segne. Man nennt das eine »Darstellung vor den Herrn«, und so brachten auch Maria und Josef den kleinen Joshua (griech.: Jesus; hebr.: Gott hilft) in den Tempel. Dort dienten seit einigen Jahren der Prophet Simeon und die Prophetin Hanna, und insbesondere Simeon wartete bereits seit vielen Jahren auf die Ankunft des Messias. Als man sich dann im Tempel begegnete, erkannte Simeon in dem Kind etwas Be-

6 Die Zahl 40 hat in der Bibel eine besondere Bedeutung. Vierzig Tage und Nächte dauerte die Sintflut, und vierzig Jahre lang wanderte das Volk Israel durch die Wüste. Jesus verbrachte vierzig Tage fastend in der Wüste, bevor er begann, in der Öffentlichkeit zu wirken.

sonderes und pries ihn in einer Segens- und Lobrede als das Licht der Welt.

Das Wort Darstellung (im Tempel) ist gleichzusetzen mit dem Sanskrit-Begriff *Darshan*. Der indogermanische Terminus Dar-shan ist eine Dar-Schau. Die Pilger und Gläubigen besuchen einen Tempel und werden dort im innersten Bereich der Verehrung von Gott, Vishnu angeschaut. Dieser Blick ist eine Segnung, denn es ist der Wunsch der Gottheit, dass alle Lebewesen in Frieden miteinander leben und in ihre spirituelle Heimat zurückkehren. Deshalb spricht man Vishnu, den Herrn des Universums, auch als *Janardana,* den Freund aller Lebewesen, an.

Als Ursprung allen Seins hat Gott keine Feinde, sondern vielmehr ist er allen gleichgesinnt. So wie sein Repräsentant, Vater Sonne, ohne zu urteilen, über alle Köpfe strahlt, so gilt der Blick des Freundes aller Lebewesen als äußerst segensreich. Bei einem Darshan, der Darschau im Tempel, geht es also nicht darum, Gott zu sehen, sondern von ihm gesehen zu werden, und so brachten Josef und Maria den kleinen Joshua in den Tempel, auf dass JHWH auf ihn schaute und ihn segnete.

DER SEGEN DER SONNE

Die Sonne – Sol, Helios, Surya, Inti, Aton und Ra als Vater Sonne – steht im Zentrum und regiert den Zodiak aus zwölf Zeichen, ebenso wie Jesus als Gottes Sohn sich mit seinen zwölf Hauptjüngern umgab. So stehen Jesus der Sohn (engl.: the son), und die Sonne (engl.: the sun), Sohn und Sonne in der Lehre der Astrotheologie miteinander in enger Beziehung.

Mit 1.391.684 Kilometer Durchmesser und einer Oberflächentemperatur von 5500 Grad Celsius können auf der Sonne nur die kosmischen Lichtwesen existieren, denn Sie und ich, unsere Körper, würden bereits in weiter Entfernung verglühen. Dieser bedeutenden kosmischen Autorität nähern sich die Weisen mit großem Respekt. Während Mutter Erde das Leben (ola) auf der Erde erhält, spendet und erhält Vater Sonne das Leben vom Weltall aus.

Licht ist eines der erstaunlichsten Phänomene und eine der stärksten Kräfte im Kosmos. Quantenphysikalisch sind Photonen Bosonen; sagen wir vereinfacht Dinge, die sich nicht aneinander stören. Sie, liebe Leser, können davon noch so viele und noch mal viele weitere mehr auf Ihre Hand legen, und sie wird zum einen nicht schwerer, und zum anderen gibt es immer noch genug Platz für ebenso viele noch einmal. Wir sehen darin ein Äquivalent zur Liebe. Es ist die grenzenlose, bedingungslose und reinste Liebe der Gottheit – die reinste Energie des

Universums, die als »stoffliches« Kondensat in Form masseloser Photonen die Ur-Information der Quelle tragen und die universelle Ordnung verbreiten. Dieses kosmische Feuer strahlt und erhellt, belebt, durchdringt und reinigt alles. Hawaiianisch ist dieses Licht *la'akea*, der Geist Gottes, der jede Zelle, alle Molekülstrukturen und sämtliche Atome durchdringt. Wenn Sie durch Visualisieren oder in den frühen Morgenstunden ganz bewusst jede Zelle Ihres Körpers mit Licht fluten, ist das der beste Weg zur körperlichen und geistigen Harmonie. Sonnenlicht und Farbtherapie sind Balsam für Körper, Geist und Seele. Die alten Hawaiianer, die Kulturen Süd- und Mittelamerikas, die Ägypter und die vedische Hochkultur besaßen ein detailliertes Wissen über die Sonne, ihre verschiedenen Aspekte, die Sonnenzyklen und die dazugehörige Verehrung, denn die Segnungen der Sonne gehören zu den machtvollsten, die man erhalten kann.

Vater Sonne wurde in allen Kulturen als der Repräsentant aller anderen Gottheiten und als direkter Vertreter der absoluten Wahrheit und Urquelle verehrt. Dieses Auge Gottes ist für alle sichtbar und äußerst mächtig. Ohne Sonne gibt es kein Leben, und Menschen werden krank und depressiv, wenn es ihnen an Sonnenlicht mangelt. Mit der Verehrung und dem Respekt gegenüber der Sonne werden wir fähig, unsere spirituelle Identität anzunehmen und unsere wahren Ressourcen, unser spirituelles und geistiges Potenzial richtig zu nutzen. Bis zur Besetzung durch England war es in Indien üblich, den Regeln des Ayurveda (Sanskrit: das Wissen vom Leben) zu folgen. In diesem methodischen System zur körperlichen und geistigen Gesundheit gab es morgens nichts Wichtigeres zu tun, als für Gott und die kosmischen Verwalter Gebete und Lobpreisungen zu rezitieren. Allein durch diese

Handlungen bekam man schon alle Segnungen für den Tag. Es ging darum, sein eigenes inneres Licht zu erkennen und in allen Tätigkeiten leuchten zu lassen, dabei alle Unreinheiten im Herzen zu verbrennen und klar zu sehen, was für das Wohl der Welt zu tun sei. Der Konsens allen Handelns ist, wie wir es im Zen-Buddhismus lernen, die Achtsamkeit: Nicht so sehr, was du tust, ist wichtig, sondern wie du es tust – dein Bewusstsein.

Erleuchtung und Reinigung

Ein mehr als 3000 Jahre altes Gedicht im Ayurveda sagt: »Was immer wir sehen, hat die Wurzel in uns selbst. Und was immer wir hören, kommt nur aus uns selbst.« Und im noch älteren Rg-Veda finden wir eine ähnliche Aussage:

»Alle Feinde sind in uns selbst, und es gibt keinen Feind im Außen. In Wirklichkeit sind unsere äußeren Feinde geboren von den inneren Feinden. Das, was wir in uns haben, was unser Herz sagt, ist das, was wir im Äußeren sehen und erleben müssen.«

Bevor man einen Feind besiegen kann, muss man ihn kennen, weshalb uns die historischen und psychologischen Texte der Upanishaden sechs innere Feinde nennen, die es auf dem Weg zur Erleuchtung zu überwinden gilt: (1) *Kama*, die unendlichen materiellen Wünsche; (2) *Krodha*, den Zorn; (3) *Lobha,* die Gier; (4) *Moha*, die falsche Selbstwahrnehmung; (5) *Mada*, den übertriebenen Stolz; (6) *Matsarya*, die Eifersucht. Diese sechs Widersacher von spirituellem Reichtum, von Glück und Gesundheit sind deshalb so schwer zu wandeln, da sie sich subtil und in allerlei Verkleidung im Unterbewusstsein und im Herzen verstecken.

Menschen, die sich auf den Weg machen, ihre niedere Natur zu überwinden, und sich einem tugendhaften Leben zuwenden, sind bereits gesegnet. Alle spirituellen Segnungen zielen auf die höheren Werte des Lebens, und so gibt es eine schlechte Nachricht: Kein Priester, kein Kahuna, kein Yogi, kein Rabbi und kein Sufi wird Sie jemals mit einer neuen Wohnzimmereinrichtung segnen, denn das neue Auto, die größere Wohnung oder die besser bezahlte Stelle könnte sich als Fluch erweisen. Aus diesem Grunde hüte man sich auch vor der Redewendung des chinesischen Fluchs, der da lautet: »Mögen alle deine Wünsche in Erfüllung gehen«, was nichts anderes bedeutet, als weiterhin ans Rad der Wiedergeburten geflochten zu sein und Leben für Leben wie ein Esel einer Karotte aus Geldscheinen hinterherlaufen zu müssen.

Die Verehrung der Sonne ist eine Möglichkeit, diesem Hamsterrad zu entrinnen und sich zu höheren Zielen zu erheben. Die Sonne repräsentiert die Kraft und Macht Gottes, Wissen und Erleuchtung, und mit ihrer Hilfe können alle Probleme des Herzens beseitigt werden. Genauso wie die Sonnenstrahlen Unrat auf der Straße einfach austrocknen, so verbrennen Wissen und Erleuchtung allen Unrat im Herzen.

Die Verehrung von Vater Sonne ist eine Wissenschaft für sich, und die alten Hawaiianer kennen allein drei Aspekte des Lichts: Die Substanz des Lichts heißt *Aka,* und die Energie des Licht nennt man *Mana Loa. La'akea* ist der Geist Gottes im Licht. Auch nach der Beschreibung der Upanishaden ist Gott Vishnu als spirituelle Lichtenergie (Brahman) in allen Atomen gegenwärtig.

Durch Licht als Trägersubstanz verströmt die Urquelle ihre Essenz und übermittelt so die grenzenlose und erwartungsfreie Liebe. Diese Liebe ist die Essenz Gottes, die wie das Licht der Sonne großzügig und an alle verteilt wird, ohne eine einzige Gegenleistung zu erwarten.

ÜBUNG

Göttliche Liebe und Licht stellen keine Bedingungen, und genauso wie der Schatten die vom Licht abgewandte Seite ist, so sind alle negativen Gefühle wie Zorn, Neid, Gier, Eifersucht usw. nur auf die Abwesenheit von Liebe zurückzuführen. Schicken Sie bitte jetzt Ihre Liebe und reine Segenswünsche in alle Richtungen der Welt, damit mehr Liebe und mehr Licht sich ausbreiten.

Der Sonnengruß

Die zur Zeit bekannteste Methode der Verehrung der Sonne ist der Sonnengruß (Surya Namaskar) der Yogapraxis. Heute primär als Gymnastik missverstanden, handelt es sich dabei um eine exakte Wissenschaft aus Positionen mit bewusster Atemtechnik und Mantras in Verbindung zum Zodiak. Es sind zwölf Gebete, die zur richtigen Zeit am frühen Morgen, mit dem Blick nach Osten gerichtet, die Segnungen dieser Gabe zum Vorschein bringen. Allein dieser Sonnengruß kann

Großes in Ihrem Leben bewirken. Die Gebete und Lobgesänge zur Sonne sind erlesen, und die Segnungen, die Sie im Austausch erhalten, heißen Kraft, Entschlossenheit, Ausdauer, Lebensfreude, Selbstvertrauen, Mut, Gesundheit und vieles mehr.

Das folgende Gebet zur Sonne beinhaltet eine große Segnung für den Betenden und stammt aus dem Aruna Prashna im Krishna Yajur Veda. Es ist von großem Vorteil, diese Hymne frühmorgens mit dem Blick nach Osten zu rezitieren:

»OM – Bitte, sei mir so gnädig und gebe mir einen Geist, welcher nur Gutes hört. Mögen nur gute Dinge an meine Ohren und zu meinen Augen gelangen. Mache meinen Körper stark und gesund, so dass ich die Kraft habe, nur glücksverheißende und göttliche Dinge zu sprechen. Lass die Aussagekraft meiner Worte immer bestätigt werden, und bitte gib mir ein langes Leben, damit ich lange genug deine Tugenden lobpreisen kann. Bitte gewähre mir die Gelegenheiten, über dich nachsinnen zu können und dich mit Gebeten zu besingen.

Ich bitte dich um einen ruhigen Geist und die Kraft der Konzentration, so dass ich in allen Zeiten unerschütterlich bleiben kann und fähig bin, über tiefgründige Themen nachzudenken.«

Mit der Kraft der Sonne die Illusion überwinden

In dem berühmten asiatischen Epos Ramayana erwähnt der Autor Valmiki Muni eine Geschichte, in der das Beten zur Sonne empfohlen wird, um die größten Hindernisse zu überwinden.

Dort kämpfte der Held und König Ramachandra gegen einen dämonenhaften König namens Ravana. Ravana war ein großer Mystiker und besaß die Segnung, nahezu unbesiegbar zu sein. Mit List und Grausamkeit hatte er damit die Weltherrschaft an sich gerissen, und die Menschen litten allgemein an Hunger und Hitze. Man fürchtete sich. Obwohl Ramachandra (König Rama) im Verlauf des Kampfes mehrfach Ravanas Kopf mit scharfen Sichelpfeilen vom Rumpf abgetrennt hatte, wuchsen diesem einfach neue Köpfe nach. Schließlich erschuf Ravana sogar mehrere illusorische Körper, und König Ramachandra, der als der beste Bogenschütze auf Erden bekannt war, schoss mit dem Bogen Shivas nur noch ins Leere. Als Rama müde und verzweifelt war, erschien plötzlich wie aus dem Nichts ein heiliger Yogi namens Agastya Rishi. Dieser riet Rama, ein Gebet namens Aditya Hridayam (das Herz Aditis) zu rezitieren. So werde er die Segnungen des Sonnengottes Surya bekommen, und jedes seiner Vorhaben werde von Erfolg gekrönt sein. Dieses Gebet vertreibe alle Ängste, jedwede Unsicherheit, Trauer und alle Reaktionen auf vergangene Missetaten. Nachdem Agastya Rishi gegangen war, trank Rama zur Reinigung drei Schlucke Wasser, sammelte seinen Geist und sprach die Gebete der Verehrung zum Sonnengott. Mit dem Licht, dem Wissen und der Kraft der Sonne gesegnet, konnte Rama jetzt die Illusionen Ravanas leicht durchschauen und schoss einen finalen und tödlichen Pfeil ab.

Empfehlungen aus den Schriften des Lichts für mehr Selbstbewusstsein

In den Jyoti-Shastras, den Schriften des Lichts, erfährt man erstens, welche Qualitäten die Sonne in unserem Leben entfaltet, und zweitens, was man tun kann, wenn man seinen Mangel an innerer solarer Kraft ausgleichen möchte. Wie kann man konkret die Segnungen der Sonnen erhalten?

Aus dem Solarplexus, dem Sonnengeflecht, aus dem Herzen und aus der Seele heraus strahlt ein jeder in seine Welt, doch manchmal ist es eben bewölkt. Wir wissen genau, wie wir uns an einem Sonnentag fühlen oder wie niedergedrückt wir sein können, wenn die Wolken den Himmel verschleiern.

In den langen sonnenlosen Wintern steigt die Zahl der Selbstmorde und Alkoholtoten in Norwegen und Finnland jedes Jahr dramatisch an, und Peking ist mittlerweile von einem so starken Smog bedeckt, dass man die Sonne auf große Leinwände projiziert, um die Menschen positiv zu stimmen. Wenn bei unserer Geburt die Sonne gut positioniert war, sind wir optimistisch veranlagt, können das Licht in der Dunkelheit erkennen, haben eine gute Gesundheit und Selbstvertrauen. Wir stehen dann hinter unseren Überzeugungen und können diese auch vertreten. Wir sind selbstbewusst, haben einen starken Willen, sind entschlossen, haben eine gute Intelligenz, reifen in unserer Persönlichkeit und können unsere innere Sonne sowie die Bedürfnisse der Seele wahrnehmen.

Ist die Sonne zum Zeitpunkt der Geburt allerdings schlecht positioniert, dann haben wir wenig Selbstvertrauen und wenig Selbstbewusstsein, wenig Selbstrespekt und einen schwachen Willen. Wir sind möglicherweise wenig motiviert, fühlen uns häufig schlecht, leiden vielleicht unter einer schwachen Gesundheit und haben Augen-, Herz- und Kreislaufprobleme. Mit einer schwachen Sonne im Horoskop neigt man dazu, auf jene neidisch zu sein, die geradezu für etwas brennen, sich in der Öffentlichkeit bewegen, und schließlich hat man mit großer Wahrscheinlichkeit eine schlechte Beziehung zum Vater. All dies ist ein Zeichen, dass wir in einem früheren Leben die natürlichen Autoritäten und den eigenen Vater abgelehnt bzw. nicht respektiert haben. Jetzt fehlt uns diese wichtige Eigenschaft, nämlich das eigene Feuer und Licht in unserem Leben zu empfinden. Das, was uns früher nicht gefiel, fehlt uns eben jetzt, denn wie wir wissen, können wir nur haben, was wir anerkennen und wertschätzen. Ein undankbares Herz verliert die Geschenke des Universums eben wieder, und so ist es möglich, das Selbstbewusstsein zu stärken und die eigenen Sonnenqualitäten zu verbessern, indem man in einem ersten Schritt dem Vater vergibt.

Man erkennt die Größe eines Menschen immer daran, wie er andere behandelt. Charakterlich starke Menschen kennen den Weg zur Größe und segnen bzw. bewundern deshalb die Qualitäten und Fähigkeiten anderer. Die Sonne ist das Zentrum unseres Sonnensystems, und genauso dürfen Sie das Zentrum Ihres eigenen Lebens sein. Die Sonne ist der Ursprung all jener Energien, die schwachen Menschen fehlen. Indem wir die Sonne als direkten Repräsentanten der Urquelle anerkennen (die Mayas nennen die Quelle hinter der Sonne Hunab Ku), überwinden wir unsere Ängste, Unsicherheit und Unentschlossenheit, und all das Gute wird in unserem Leben wieder sichtbar. Um das Jammern, Klagen und eine Opferrolle loszulassen, braucht man Kraft und Selbstbewusstsein. Um zu sagen: »Ich bin für mein Leben verantwortlich«, muss man in seiner Mitte stehen. Die höchste sichtbare, strahlendste und mächtigste Autorität ist die Sonne, die man verehren kann, um wieder in diese Kraft zu kommen. Wir haben beeindruckende Veränderungen in Menschen erlebt, die ihre Gewohnheiten änderten und frühmorgens aufstanden, die Sonne mit Gebeten und Lobpreisung ihrer Qualitäten begrüßten und sonnige Farben wie Gelb, Orange und

Gold trugen. Mit diesen Farben werden Sie sichtbar und schließlich ein Segen für Ihre Mitmenschen.

DER SEGEN DES WASSERS

Unser Blauer Planet ist heute zu etwa siebzig Prozent von Wasser bedeckt, doch das war nicht immer so. Selbst die Alpen bestehen aus Metamorphosen zum Teil kilometerdicker Ablagerungen aus dem Meer. Folgt man den Spuren geologischer Gemeinsamkeiten wie Faltengürtel, Diamantlagerstätten, Fossilienfunden und der Plattenverschiebung, so scheinen unsere Kontinente vor rund 250 Millionen Jahren als einzelner großer Kontinent Pangäa (griech.: Gesamtland) dem Urmeer, dem Tethys-Ozean, entstiegen zu sein. Irgendwann riss dieser Superkontinent dann wie die Haut eines Pilzes auf, und seither driften seine Teile mal voneinander fort und mal aufeinander zu – doch die Ursachen all dieser Bewegungen liegen im Dunkel einer fernen Zeit.

In einem alten Gesang der Hawaiianer wird erzählt, wie die ersten Menschen als Sternenkinder die Erde nach einer langen Reise erreichten:

Dort, auf der Erde, gab es am Anfang nur Wasser und noch kein Land. Alles war vom mächtigen Ozean bedeckt, und die Sternenkinder suchten eine Zuflucht, nachdem ihr Heimatplanet von dunklen Kräften und durch Gier zerstört worden war. Demütig baten sie Mutter Erde, ihnen Aufenthalt zu gewähren, und so erschien die Erde in einer sichtbaren Gestalt. Sie sprach: »Ihr Menschen seid so schwach und leicht zu verführen, da ihr wie kein anderes Wesen nach Macht strebt. Ich werde euch Land und Süßwasser, Früchte, Getreide und Edelsteine geben, doch als Gegenleistung bitte ich euch, dass ihr euch um die Tiere und Pflanzen kümmert. Sorgt für sie wie für eure eigenen Kinder.« Die Menschen willigten ein, und es wurde ein heiliger Bund geschlossen, dass sich die Sternenkinder um die Tiere und Pflanzen kümmerten, für sie sorgten und sie beschützten, und dafür von Mutter Erde alles erhielten, was sie zum Leben benötigten. So tauchte das erste Land aus dem Meer auf.

Alles Leben kommt aus dem Wasser

In der knappen, zweimal erzählten Schöpfungsgeschichte der Bibel lesen wir in der Genesis, wie am Anfang alles leer war und dass der Geist Gottes über den Wassern schwebte. Mit großer Wahrscheinlichkeit basiert diese Geschichte auf älteren Texten des antiken Indiens, die über die Seidenstraße zum phönizischen Meer gelangte. Dort wird beschrieben, wie unser Universum zu Beginn der Zeit halb mit Urwasser gefüllt, doch ansonsten leer war. So erschien der Schöpfergott Brahma über dem Wasser und erschuf durch den Urklang AUM (OM) zunächst die Planeten und später aus seinem Geist heraus die Lebewesen. In der Bibel können wir dazu lesen: »Am Anfang war das Wort.«

»Alles Leben kommt aus dem Wasser«, schrieb Platons großer Schüler Aristoteles und begründete damit sein esoterisch-metaphysisches System der Lehre der vier Elemente. Dem Wasser zugeordnet sind seither das Hexagramm als Fläche und der Ikosaeder als Platonischer Körper. Jeder Mensch muss Wasser trinken, auch jene Menschen, die sich von Biophotonen, sogenannter Lichtnahrung, ernähren. Etwa 2,4 Liter nehmen wir täglich über das Trinken, Essen und über die Atmung auf und scheiden die gleiche Menge wieder aus. Die Qualität unseres Trinkwassers ist deshalb von entscheidender Bedeutung, denn man ist nicht nur, was man isst, sondern auch, was man trinkt.

Ein menschlicher Körper besteht je nach Alter und Konstitution bis zu siebzig Prozent aus Wasser. Säuglinge haben höhere Werte, und mit zunehmendem Alter nimmt der Wassergehalt im menschlichen Körper ab. Diese späte Phase des Lebens definiert der Ayurveda als Vata-Zeit, einen Lebensabschnitt, der dem Element Luft und der Trockenheit zugeordnet wird, weshalb es mehr Falten gibt, einige Menschen vergesslich werden und die Knochen leichter brechen. Es gilt dann eben, mehr Flüssigkeit zuzuführen.

Wassermoleküle wirken wie Mikro-Magnete, und diese bipolare Struktur bewirkt unter anderem die bekannte Oberflächenspannung; eine vorsichtig abgelegte Münze geht in einem Glas Wasser nicht unter. Wasser bildet Tropfen, kapselt Pollen und Staub ein und gewährt damit ideale Bedingungen zur Befruchtung und zum Waschen. Wasser bildet Rinnsale, folgt dem Weg des geringsten Widerstandes und existiert selbst unter Normalbedingungen in den drei bekannten Aggregatzuständen fest, flüssig und gasförmig. Wasser hat bei vier Grad Celsius seine größte Dichte, sinkt deshalb ab, und so können selbst im eisigsten Winter Fische am Grund eines Sees oder Flusses überleben. All dies ist essenziell für das Leben auf diesem Planeten. Das Wasser ist einerseits anpassungsfähig und sanft, andererseits kann es enorme Kräfte entwickeln. Im Sinne eines steten Tropfens, der den Stein höhlt, formen Wasser und Wind das Land, die Küsten und die Berge.

Die physikalische Verschmutzung des Wassers durch Überdüngung, Medikamentenrückstände, Abfälle und Nebenerzeugnisse industrieller

Anlagen nahm in den letzten Jahrzehnten bedrohliche Ausmaße an, und die Zeiten, da man eventuell noch Regenwasser trinken konnte, sind endgültig vorbei. Insbesondere in der Dritten Welt sind durch die teilweise unkontrollierte industrielle Verschmutzung von Flüssen und Seen und das Voranschreiten der Wüsten die Probleme mit der Wasserversorgung besonders gravierend.

ÜBUNG

Reines, klares, sauberes Wasser ist ein großer Segen. Immer, wenn Sie Wasser trinken, wertschätzen und danken Sie dem Wasser. Segnen Sie Ihr Wasser ganz bewusst.

Die Meere

Wasser spendet Leben. Die Inuit, die Polynesier und all die anderen Inselbewohner setzen das Meer mit Leben gleich, denn es segnet sie mit Nahrung. Die Verbundenheit dieser Menschen mit dem Meer ist so stark, dass die alten Inuit eine Küstenlinie bis auf wenige Meter nur am Klang der Wellen erkennen konnten. Von den Polynesiern kennen wir Geschichten mächtiger Navigatoren, die dem Flüstern des Meeres lauschten und so ihre Kanus weit über tausend Meilen sicher übers Meer lenkten.

Doch die Meere und das Süßwasser, der Segen unseres Blauen Planeten, brauchen mehr Fürsprecher in Zeiten der Entsorgung allerlei chemischer und radioaktiver Abfälle. Jahr für Jahr verschwinden dort viele Millionen Tonnen Müll, und ganz im Stillen ticken hier ein paar Zeitbomben. Ölkatastrophen, auseinandergebrochene Containerschiffe, Fässer mit chemischen Kampfstoffen, das Einleiten von radioaktiv kontaminiertem Kühlwasser und ein schwimmender Teppich aus Plastiktüten, Spielzeug und anderen Wegwerfartikeln in der Größe Mitteleuropas treiben im Pazifik.

Wenn Sie uns nun fragen, was man tun kann, so können wir Ihnen kein Patentrezept verraten, doch wir persönlich haben unser Konsumverhalten korrigiert. Hier liegen unsere Verantwortung und unsere Macht als Konsumenten. Brauchen wir wirklich all diese bunten Sachen? Wir glauben an die Vernunft, und so klingt es für uns recht vernünftig, zum Beispiel regionale Produkte zu kaufen, nach neuen Lösungen zu suchen, Ho'oponopono zu machen und zu segnen. Jeder gesparte Artikel, jedes Ho'oponopono und jedes Kūkulu Kumuhana wird möglicherweise ein Leben bewahren, und das ist dann ein großer Erfolg.

Gibt es auch eine mentale Verschmutzung des Wassers?

Der japanische Alternativmediziner Dr. Masaru Emoto (1943-2014) entwickelte zusammen mit seinem Team eine Methode, mit der er den Einfluss von Worten und Bildern auf Wasser sichtbar machte. Dazu füllte man Wasserproben in standardisierte Flaschen ab und versah diese mit großen Etiketten, auf welchen jeweils ein markantes positives Wort, wie zum Beispiel Liebe, Dankbarkeit, Frieden, oder ein destruktives Wort, wie zum Beispiel Hass, Krieg, Zerstörung und so weiter, geschrieben stand. Nach einigen Minuten, Stunden und zuweilen auch Tagen wurde das Wasser dann gefroren, mikrofein geschnitten und die Wasserkristalle fotografiert. Die Ergebnisse seiner Studien zeigen, dass mit positiven Aussagen informiertes Wasser ästhetische, symmetrisch regelmäßige und harmonische Kristalle liefert, während jene Wasserkristalle, die negativen Aussagen und Beschimpfungen ausgesetzt waren, instabil, disharmonisch und geradezu zerstört wirken. Zwar scheitert die naturwissenschaftliche Anerkennung seiner Arbeiten an mangelnder Reproduzierbarkeit der Ergebnisse, doch da wir selbst bis zu siebzig Prozent aus Wasser bestehen, könnte man sich Gedanken darüber machen, inwiefern unser eigenes Denken Auswirkungen auf die Zellflüssigkeit unseres Körper haben könnte. Leider verschwenden die meisten Menschen jedoch ihre Gedanken an Belangloses und Negatives, oder wie Computernutzer zu sagen pflegen: GiGo – Garbage in, Garbage out – zu deutsch: Müll rein, Müll raus. Im Jahre 2004 machte der Mineralienspezialist Hans Hongsermeier ein einfaches Experiment. Er stellte ein Glas Wasser auf einen Tisch und ließ seine dreizehn Seminarteilnehmer all ihre negativen Gedanken auf das Wasser projizieren. Dieses Wasser hatte danach einen eindeutig faulen und bitteren Geschmack gegenüber einer neutralen Vergleichsprobe.

Medizinisch nachweisbar wird unser Wasserhaushalt von unseren Hormonen mitgesteuert, und so hat alles, was wir denken und fühlen, einen messbaren physiologischen und biologischen Einfluss. In Eiweißmolekülen codierte Emotionen (sogenannte Neuropeptide) erreichen über das Blut jede der einhundert Billionen (100.000.000.000.000) Zellen unseres Körpers. Jedes einzelne dieser Wunderwerke steckt voller Bewusstsein und wird chemisch darüber informiert, wie wir denken. Daraus resultiert unsere körperliche Verfassung, die sich im Einklang mit unseren primären Gedanken befindet. Denken wir negativ, werden wir uns verspannen, und jeder Muskel bis hin zu unserer DNA erfährt nach Dr. Bruce Lipton eine leichte Kontraktion. Von Liebe erfüllte Gedanken öffnen ihre DNA, während angsterfüllte Gedanken zusammenziehend wirken, wodurch wieder weniger Energie fließt. Denken Sie deshalb in Zukunft nur noch gut über sich und andere, segnen und beten Sie für andere, und alles wird sich entspannen können. Entspannung ist eine Voraussetzung für Ihr körperliches und seelisches Gleichgewicht. Segnen Sie Ihren Körper. Segnen Sie jede Zelle Ihres Körpers und denken Sie nur noch gut über sich. Ihre Zellflüssigkeit, Ihre Lymphe, Ihr Blut, Ihr Muskelgewebe, Ihre Gehirnflüssigkeit und auch das Wasser in Ihren Augäpfeln werden es Ihnen danken.

Kūkulu Kumuhana – Wasser reinigen durch gemeinsames Beten und Segnen

Vor diesem Hintergrund organisierten der Botschafter des Wassers, Masaru Emoto, sein Team und seine Freunde regelmäßige Zusammenkünfte, um Wasser allgemein, Seen und Flüsse auf der ganzen Welt durch Vergebungsrituale und durch Segnen zu klären. Erfolge hatte man unter anderem am Deininger Weiher in Deutschland, am Fujiwara-Stausee in Japan, in Jeollabuk-do, Korea, und am Biwa-See in Japan. Als Vorbereitung gilt es, vor allem das Wasser mit Achtung und Respekt anzusprechen. Wie in einem Ho'oponopono beginnt man mit einem Gebet und entschuldigt sich dann direkt bei dem Wasser dafür, dass man an einer physikalischen oder mentalen Verschmutzung beteiligt war. Man bittet um Verzeihung und Vergebung, man dankt und segnet. Manchmal versammelt sich eine Gruppe direkt an einem Fluss oder an einem See, um zu beten. Ein anderes Mal nimmt man etwas Wasser mit nach Hause. Solch eine Probe füllt man in eine saubere Flasche oder ein schönes Glas und stellt sie auf einen Tisch. Mit Freunden steht man dann im Kreis um diese »Repräsentantin« des Wassers und betet zusammen. Eine weitere Möglichkeit besteht darin, auf der ganzen Welt Menschen an diesen Segensritualen teilhaben zu lassen. Wie die von Masaru Emoto inspirierten Gruppen herausfanden, spielen neben der Achtsamkeit auch verschiedene Hand- und Fingerstellungen eine wichtige Rolle. Die typische Gebetshaltung, bei der die Handflächen aufeinanderliegen und die Achseln offen sind, lieferte nach ihren Aussagen die bisher besten Ergebnisse, das Wasser in seinem Reinigungsprozess zu unterstützen.

Ein Bad in heiligen Wassern

Mit Wasser wird gesegnet, geweiht und getauft. Genauso wie man morgens duscht, um die Toxine im Nachtschweiß abzuwaschen, nehmen viele Menschen regelmäßig ein Bad in heiligen Flüssen oder in spiritueller Literatur, um ihr Herz von mentalen Giften zu reinigen. Wasser heiligt, und so nehmen täglich Millionen Inder ihr rituelles Bad im Ganges, lesen dabei aus heiligen Schriften oder bitten in Verehrung des Flusses um den Segen und die Gnade, von den negativen Konsequenzen ihres Handelns geläutert zu werden.

Die drei Räume der Existenz, nämlich der körperliche, der geistige und der spirituelle Bereich, gelten auch für die Erde und Mutter Ganga, wie der Ganges in Indien liebevoll genannt wird. Dieser fließt, wie die antiken indischen Geschichtsbücher berichten, nicht nur auf der Erde, sondern durchquert in seiner feinstofflichen Gestalt auch geistige und himmlische Licht-Sphären, bevor er die Erde erreicht. Dies erklärt seine transformierende Wirkung auf den Menschen. Diese spirituelle Reinigung finden wir heute wie damals auch am Jordan, in dem sich Jesus von Johannes taufen ließ. Der Vorgang besteht darin, im Fluss zu stehen, zu beten und dann dreimal unterzutauchen. Dieses Tauchen ist die Taufe. Zu Beginn eines jeden Ho'oponopono-Workshops gingen wir mit unserer Lehrerin an einen See. Dort sangen wir zunächst einen alten Chant zu Ehren von Mutter Erde, und danach gingen wir ins Wasser, um wieder zu beten und dann dreimal unterzutauchen. So ist für achtsame Menschen Wasser immer mehr als ein chemisches Element. Es ist eine Kraft göttlichen Ausdrucks.

Sowohl in der Philosophie der Hawaiianer als auch in der christlichen und jüdischen Mystik, wie auch in der vieler anderer Völker, wie der Tibeter, wird das gesamte Universum in gleicher Weise verwaltet wie ein kleines Land. Ähnlich wie der Präsident eines Landes seine Minister und weitere Beamten unter sich hat, um ein Land zu regieren, so steht die höchste Gottheit hinter ihrer Schöpfung und beauftragt die kosmischen Verwalter, sich um die Belange im Universum zu kümmern. Die Bibel kennt sie als die Elohim, die Seraphim, die Cherubim und die Erzengel.

Die Hawaiianer nennen diese persönlichen Vertreter und Verwalter Gottes allgemein *Akua* bzw. *Aumakua*. Hinter jedem Baum, hinter jedem Berg, jeder Wolke, hinter dem Feuer, der Luft, der Erde und dem Wasser stehen Wesen (Sanskrit: Devas, die Halbgötter), die die

Aufsicht darüber innehaben. Genauso wie Sie Ihren Pass nicht direkt vom Präsidenten erhalten, sondern von einem Angestellten im Rathaus ausgehändigt bekommen, erhalten Sie Wasser aus einer Quelle und nicht direkt vom Schöpfer. Die Aufgabe von uns Menschen besteht einfach darin, mit diesen Wesenheiten, den göttlichen Vertretern, zum Wohle des Ganzen zusammenzuarbeiten. Wird eine solche Gottheit ignoriert, missachtet oder gar ungebührlich behandelt, kommt es zu schweren Störungen in der Natur, und der Kahuna-Ho'oponopono wird gerufen, um die Angelegenheit zwischen den Beteiligten wieder zu berichtigen. Die Natur ist ein großer Segen, und ihre Elementarwesen leben mit den Menschen in einem natürlichen Kreislauf von Geben und Nehmen zusammen. Für jede Tätigkeit gibt es deshalb Gesänge, sogenannte Chants, erlesene Gebete und Anrufungen, mit welchen die Natur und ihre Bewahrer geehrt und gepriesen werden. Diese Harmonie und Zusammenarbeit mit der geistigen Welt garantiert den Wohlstand aller.

Der gemeinschaftliche Segen zielt darauf, die Verbindung zu diesen Naturgottheiten, den Halbgöttern (Devas), aufrechtzuerhalten, und er geschieht in drei Schritten: (1) Lobpreisungen und Gebete, (2) Darbringung einer Opfergabe und (3) die Bitte um ihren Segen und ihre Gunst. Als Gaben, die dem Wasser dargebracht werden, dienen Wasser oder Blumen. Man steht dazu im oder am Fluss und lässt ein kleines Schiffchen aus einem Blatt mit der Opfergabe ins Wasser gleiten. Dem Feuer werden Getreide und Früchte dargebracht. Am Ende jeder Zeremonie gibt es ein gemeinsames Festessen, das man eigens für Gott oder die Naturgottheiten zubereitet hat.

Die acht primären Gottheiten unter der Oberhoheit des Höchsten, der Urquelle *Ke Akua oi'a'io,* heißen in der schamanischen Tradition Hawaiis:
(1) *Kane*, Gottheit der Schöpfung, des Sonnenlichtes und des frischen Wassers. (2) *Pele*, Göttin des Feuers. Sie hat eine besondere Position und wird auch als Aumakua verehrt, die Gottheit der Vorfahren. (3) *Lono*, Gottheit der Fruchtbarkeit, Heilung und Barmherzigkeit. (4) *Haumea*, Göttin der Steine und der Erde. (5) *Ku*, Gottheit der Fruchtbarkeit. (6) *Hina*, Göttin des Wassers. (7) *Kanaloa*, Gottheit der Heilung. (8) *Hi'iaka*, Göttin der Luft und des Windes.
Da wir in diesem Buch auch viele Informationen unserer indogermanischen Tradition geben, fügen wir ebenfalls acht Devas unter Herrschaft des Höchsten, der Urquelle *Shri Vishnu,* an:
(1) Varuna, die Gottheit des Wassers. (2) *Agni*, die Gottheit des Feuers. (3) *Bhumi*, Mutter Erde. (4) *Vayu*, die Gottheit der Luft. (5) *Surya*, die Gottheit und der Herrscher über die Sonne. (6) *Ashvini Kumaras,* die Zwillings-Gottheit der Heilkünste. (7) *Brahma*, die Gottheit über die schöpferischen Prozesse. (8) *Rudra*, die Gottheiten aller abbauenden Prozesse.

DANKBARKEIT

Dankbarkeit ist das Gefühl der Zufriedenheit, der Genügsamkeit und des Friedens mit dem, was ist. All das Gute, was das Leben aus allen Richtungen zu bringen vermag, weiß ein dankbares Herz zu schätzen, und so stellt Byron Katie die nicht nur rhetorische Frage: »Wenn du nicht mit dem zufrieden bist, was du hast, warum willst du dann mehr?« Erst in Dankbarkeit können wir die Geschenke des Lebens erkennen und annehmen. Dankbare Menschen sind freundlich und öffnen leicht ihr Herz für all das, was guttut, erfreut, inspiriert, belebt, nährt und heilt. Dankbare Menschen sind ein Segen für sich selbst und andere, während undankbar zu sein ein selbstauferlegter Fluch ist, wie das Märchen von Frau Holle am Beispiel der beiden Stiefschwestern Glücksmarie und Pechmarie zeigt. Beide Mädchen beginnen ihr Abenteuer unter gleichen Bedingungen, denn sie finden ein gutes Zuhause, reichlich zu essen, freundliche Gemeinschaft und eine sinnvolle Tätigkeit bei Frau Holle vor. Doch während die eine dankbar, freundlich und fleißig ist, ist die andere neidisch, faul und nie zufrieden. So nimmt das Schicksal seinen Lauf: Erstere erhält den Segen und einen Goldschatz dazu, während die Missmutige nur mit Pech übergossen wird.

In Wahrheit hat der Mensch nichts erschaffen, sondern nutzt und wandelt nur das um, was schon vorhanden ist. Er lebt von den Geschenken der Natur, und seit dreißig Jahren nimmt der Mensch de facto mehr von diesem Planeten, als sich regeneriert. Er verschwendet damit sein Erbe und sein Habe. Er macht Schulden bei der Erde, nimmt mehr, als er zurückgibt und so gerät diese Welt aus dem Gleichgewicht. Die alten Hawaiianer, die Indios, die Aborigines, die bereits vor mehr als 40.000 Jahren Australien besiedelten, all die indigenen Völker, die man in der Vergangenheit als unzivilisiert bezeichnete, bedanken sich bei der großen Mutter und bitten in allem, was sie tun, um ihren Segen. Sie wissen, dass eine höhere Kraft das Land, das Wasser, die Luft und das Feuer erschaffen hat, und so verhalten sie sich der Natur gegenüber respektvoll. Weil sich die indigenen Völker zivilisiert verhielten, konnten sie über Jahrtausende die reine Natur genießen, die wir in den letzten einhundert Jahren verschmutzt haben. Heutzutage sieht es so aus, als beute die Gattung Mensch die Ressourcen der Erde schamlos aus und verhalte sich dabei genauso übermütig wie einst die Freier im Hause des Odysseus. Während der Held von Troja noch auf See war, versuchten jene, die um die schöne Penelope buhlten, sein Gut auf Ithaka an sich zu bringen und aufzuzehren. Als brave Schüler des Freiherrn von Knigge lassen Sie uns deshalb einfach wieder lernen, »Danke« zu sagen und die Quelle unserer Versorgung zu verehren. Manche Menschen sehen diese Urquelle als Vater, andere betrachten sie als Licht, Dritte empfinden die Göttlichkeit als Kraft in ihrem Herzen, und wieder andere sagen, Gott lebe in der Natur. Alles ist richtig, und sicher ist, dass die Natur als nährendes Prinzip der perfekte Ausdruck einer unendlichen Intelligenz ist, die uns erhält. Gott hat nie ein Haus gebaut, dafür jedoch wunderschöne Blumen, duftende Wiesen, rauschende Wälder und in allen Farben schillernde Vögel und Insekten geschaffen.

In allen Kulturen haben die Menschen die Naturkräfte und die verantwortlichen Gottheiten verehrt, gefeiert und ihr Geschenke dargebracht. In nur wenigen Jahrzehnten haben wir verlernt, unsere persönliche Beziehung zur Quelle allen Seins zu pflegen und leben jetzt in einer künstlichen Welt aus Plastik. Wir arbeiten hinter Mauern aus Glas, sind gestresst, depressiv und kennen kaum eine Heilpflanze. Es gibt Überzeugungen, wonach die Kräfte der Natur unsere Feinde sind, Kräfte, die bezwungen und beherrscht werden müssen. Dabei gleicht man einem Frosch, der seinen Teich betoniert und glaubt, auf diese Weise mehr Fliegen fangen zu können. Unsere Gesellschaft ist heute in allen Bereichen von der maschinellen Versorgung mit Nahrung, Medizin, Kleidung und Energie abhängig. Fiele der Strom global aus, würden Millionen von Menschen innerhalb weniger Wochen sterben. Breite Forschungen und Langzeitstudien der Stanford University haben gezeigt, dass der moderne Mensch rund achtzig Prozent seiner Zeit mit unwichtigen Themen verbringt, die keinen wirklichen und bedeutsamen Einfluss auf sein Leben haben. Haben wir unser gemeinsames Ziel, die Welt zu erhalten und dem Leben zu dienen, verloren?

In unseren Ho'oponopono-Seminaren zeigt sich immer wieder, dass Menschen primär an ihrer Beziehung zu ihren Eltern leiden, obwohl es augenscheinlich um den Arbeitsplatz oder das leidige Single-Dasein geht. In einem Workshop mit unserer hawaiianischen Lehrerin sind wir bis zum Thema Eltern gar nicht gekommen, allerdings erfuhren wir etwas viel Wesentlicheres: Wenn unsere gemeinsame Mutter, die Erde, die Sonne und die Pflanzen uns nicht mit Nahrung, Wärme und Licht versorgen würden, könnten Eltern selbst bei bestem Willen recht wenig für das Wohlergehen ihrer Kinder tun. Wir leben immer als Teil der Natur, angebunden an das Universum, und der Glaube an eine Unabhängigkeit darf uns als eine große Illusion bewusst werden – eine besondere Form der Verrücktheit, da man von der Wahrheit abrückt. In unserem Garten habe ich einen kleinen Vogel beobachtet, der selbst noch einige Zeit, nachdem er flügge geworden war, von der Nahrung, die ihm seine Eltern brachten, abhängig war. Er konnte zwar schon fliegen, war aber noch nicht fähig, seine Nahrung zu finden. So saß er da, öffnete seinen Schnabel, piepste und wartete, bis seine Vogeleltern ihn bemerkten. In ähnlicher Weise war es bei allen Völkern Brauch, um gutes Wetter, genug Regen, die Sonne und die Ernte in farbenfrohen Ritualen, mit Singen und Tanzen zu bitten und dann auch zu danken. Indem man die Beziehungen zur Natur, zu Gott und den kosmischen Verwaltern liebevoll pflegte, konnten und können noch immer manche weise Medizinfrauen und -männer Regen manifestieren. In unserer Kultur kennen wir noch das Erntedankfest, doch um alle Rituale wirksam zu gestalten, muss man mit seiner ganzen Seele dabei sein, da das Ego die höheren Sphären dieser Wesen nicht erreichen kann. In Griechenland erlebte ich eine beeindruckende Prozession mit, als man, um den Segen des Regens bittend, eine Ikone vom Berg Prophitis Ilias holte. Im christlich-orthodoxen Glauben gelten Ikonen als die direkten Vertreter der Heiligen im Himmel und besitzen deshalb die gleiche mystische Macht und Kraft. Über zwei Tage hinweg haben wir gesungen und gebetet, und als das Abbild der Mutter Maria wieder in eine Kirche gebracht wurde, regnete es. Wie mir die Einheimischen erzählten, komme man immer, wenn man Regen brauche, auf diese Weise zusammen. Man betete und sang, und es funktionierte immer. Wir glauben, dass viele Probleme der Menschheit gelöst werden können, wenn wir in einfacher, doch effektiver Weise die Naturkräfte wieder in Dankbarkeit achten. So gibt die Natur ihren Segen.

Mit der Kahuna Ho'oponopno, unserer Lehrerin Haleaka Iolani Pule, haben wir eine besondere Übung gemacht, die man auch aus der Tierkommunikation kennt. Zunächst haben wir uns wie gewohnt in einem rituellen Bad in einem See gereinigt und die Chants (lobpreisende Gesänge) für das Wasser, für Mutter Erde, die Sonne, die Wolken und die Pflanzen gesungen. Als Nächstes haben wir uns dann ein Tier oder ein Pflanze ausgesucht, uns damit im Herzen verbunden und lange Zeit über seine Bedürfnisse meditiert und all das, was uns das Tier oder die Pflanze übermittelte, aufgeschrieben. Diese essenzielle Erfahrung, deutlich zu verstehen, dass nicht nur wir Menschen Bedürfnisse haben, sondern auch jedes Tier und jede Pflanze, hat unser Denken verändert. Wir erkannten direkt, dass unser Unglück als Menschheit daraus resultierte, dass wir uns von der Natur und der Urquelle getrennt fühlten, nur über unsere eigenen, menschlichen Bedürfnisse nachdachten und übersahen, dass jedes Tier und jede Pflanze erfahrbare Bedürfnisse und Gefühle hat. Jedes Tier, nicht nur der Mensch, hat Bedürfnisse, doch seit uns Menschen das materielle Ego von der Natur getrennt hat, fühlen wir uns bedürftig und rufen nach mehr, mehr, mehr. Manche Menschen kompensieren dieses Vakuum in ihren Herzen, das wie ein schwarzes Loch alles verschlingt, schließlich mit Größenwahn, da sie sich größer wähnen als ihre Quelle.

So gilt es, der Urquelle, der Natur, den Ahnen und den Eltern liebevoll zu danken. Wenn wir uns dafür bedanken würden, was uns sowieso zur Verfügung steht, und uns dafür einsetzten, dass die Natur in ihrer Vielfalt erhalten bliebe, so wären wir Menschen sicherlich eine sehr glückliche und erfolgreiche Spezies. Ein Beispiel hierzu liefert die Geschichte im Matthäus-Evangelium, als sich mehr als fünftausend Menschen versammelt hatten, um diesen Mann aus Nazareth mit seiner inspirierenden Botschaft zu hören. Wie bei solchen Treffen üblich, wollte man auch etwas essen, doch es gab nur zwei Fische und fünf Brote. Da ließ sich Jesus beides reichen, blickte in den Himmel und dankte. Daraufhin haben sich die Fische und Brote so wundersam vermehrt, dass alle satt wurden und sogar noch einige Körbe mit Brocken übrig blieben. Das ist eine wichtige Botschaft bezüglich der Kraft der Dankbarkeit und Segnung. Wenn wir segnen und dankbar für das sind, was wir haben, wird es sich vermehren und so werden wir alle satt.

Dankbarkeit für die Eltern

Wir leben in einer wunderbaren Zeit. Unsere Generation hat keinen Krieg, keine Hungersnot und keine Katastrophen erlebt, und wir verfügen über unbegrenzte Möglichkeiten, unser Wissen in alle Richtungen und Bereiche des Lebens zu vertiefen. Mit einem Internetzugang können Sie heutzutage kostenlos nahezu jede Sprache, ja nahezu alles lernen. Uns ist tief verborgenes Wissen zugänglich, das den Menschen früher erst nach Jahren der Qualifikation in den Mysterien-Schulen gelehrt wurde. Wir können die Philosophie und das Gottesbewusstsein der verschiedensten Kulturen studieren und schließlich jenen Weg wählen, der uns persönlich am geeignetsten erscheint, um eine Beziehung in Liebe zu Gott aufzubauen. Für all diese Segnungen der Technik, die Möglichkeiten und die Vielfalt können wir sehr dankbar sein.

Oft nutzen wir unser Potenzial, unsere Talente, unsere Fähigkeiten und unser Wissen nicht richtig, ungenügend oder sogar auf unrechte Weise. Das macht uns unzufrieden, haben wir doch unsere Talente vom Leben als Geschenke erhalten, damit wir mehr Frieden, Glück und Freude in die Welt bringen. Häufig machen Menschen für ihre eigene Unzufriedenheit die Eltern verantwortlich, und man vermutet, dass die Eltern wohl selbst nicht genug Frieden, nicht genug Liebe und zu wenig Vertrauen ins Leben hatten, weshalb sie ihren Kindern auch nicht genug davon geben konnten. Man sagt dann vielleicht, es fehlte in der Kindheit an Nähe, an Anerkennung und Aufmerksamkeit, an Sicherheit, Ruhe und Ausgeglichenheit. Sicher gab es auch einiges Gutes, nur können wir das wegen des Mangelgefühls nicht sehen oder nicht annehmen.

Hawaiianisch heißt all das Gute, das uns die Eltern geben können, *Mana*. Diese Energie, das Mana, fließt immer von oben nach unten, von den Eltern zu den Kindern, von den Vorfahren zu den Nachfahren, allerdings nur, wenn man es annehmen und wertschätzen kann. Jemand, der die guten Qualitäten, die besonderen Eigenschaften und Charakterstärken seiner Eltern nicht sieht, kann diese Fähigkeiten dann auch nicht nutzen. All das sind die versteckten Segnungen, die sich erst offenbaren, sobald wir unseren Eltern in Dankbarkeit begegnen und den Blick von unseren Verletzungen abwenden.

Ich (Andrea) mochte in meiner Kindheit nicht, wenn meine Mutter auch mal laut wurde. Ich mochte das nicht, und deshalb wollte ich nie so sein. Das Ergebnis war, dass ich sehr leise sprach, man mich kaum verstand, und selbst wenn ich laut und hörbar etwas Wichtiges sagte, wurde es auf wundersame Art und Weise nicht wahrgenommen. Indem ich gegen das Verhalten meiner Mutter angekämpft hatte, hatte ich mich selbst geschwächt und konnte die versteckten Segnungen, wie zum Beispiel kraftvoll zu sprechen, zu singen, mich durchsetzen zu können und mir Gehör zu verschaffen, nicht erhalten. Ich konnte den Segen im Schatten nicht erkennen. Später, durch die Dankbarkeit für alle guten Qualitäten, Eigenschaften und Fähigkeiten meiner Mutter, kam ich in meine natürliche Kraft. Das Mana floss zu mir. Heute bin ich selbstbewusst und durchsetzungsstark genug, um vor Leuten zu sprechen und Seminare zu geben.

Kennen Sie Menschen, die ein bestimmtes Verhalten ihrer Eltern ablehnten, unbewusst blieben und jetzt dasselbe unerwünschte Verhalten zeigen? Dies basiert auf dem einfachen Prinzip, dass wir uns in Richtung unserer primären Gedanken entwickeln, selbst wenn diese ablehnend sind. Die Kunst, den Widerstand gegen unsere Eltern aufzugeben, liegt deshalb darin, alles in unserer Welt als einen Teil zu unserer eigenen Heilung und zur Heilung unserer Familie anzunehmen. Segnen Sie alles, was passiert ist. Segnen Sie es bitte, da alles, was geschah, genau das ist, was Sie brauchten, um weiterzukommen. Dankbarkeit und Segnen öffnen unsere Herzen für die Heilung. Widerstand hingegen vergrößert nur den Schmerz, und wer trotzig die Arme verschränkt, kann die Geschenke des Universums nicht empfangen.

Durch die Erfahrungen, die man mit Ho'oponopono sammelt, erkennt man, dass jede Begegnung und jede Situation eine verborgene Bedeutung hat, und von solch einem Geheimnis erzählt man sich an den Feuern in den Jurten der Mongolei.

Von Temüdschin, der später Dschingis Khan hieß, wird berichtet, dass er sich regelmäßig in die Steppe zurückzog, um dort allein mit seinem Falken zu jagen. Dieser Falke stand ihm nahe, denn beide kannten einander seit vielen Jahren. In der Weite der Steppe wurde der spätere Heerführer mongolischer Stämme aus dem Klan der Wildenten-Leute durstig und entdeckte bald etwas Wasser, das von einem Felsen herabrann. So ließ er den Falken frei und wollte gerade trinken, als sich der Vogel wieder auf seiner Schulter niederließ. Er scheuchte den Falken davon, doch als er wieder trinken wollte, stürzte sich der Raubvogel auf ihn herab. Einige Male versuchte Temüdschin Wasser zu schöpfen, doch da ihn das Tier nicht in Ruhe ließ, wurde er vom Zorn gepackt, griff zu seinem Bogen und schoss auf den Falken. Von einem tödlichen Pfeil getroffen, stürzte dieser auf die Felsen über ihn, gerade dort, wo das Wasser entsprang. Das Rinnsal versiegte, und so musste Temüdschin hinaufklettern. Dort erkannte er die Ursache für die Angriffe seines Freundes, der ihn selbst im Tode vor einem ähnlichen Schicksal bewahrt hatte. Eine ganze Familie zischender Nattern lebte dort in einem kleinen Teich, aus dem das Wasser kam, das er trinken wollte. Sicher war es vergiftet, und sein Freund wollte ihn nur warnen.

Ein kleines Unheil bewahrt uns häufig vor größerem Schaden. Zu Beginn können wir den Segen in einer Störung nicht wahrnehmen, doch nach Tagen, Monaten oder nach Jahren wird er uns bewusst. Suchen Sie in Ihrem Leben nach solchen Ereignissen, die Sie vor weitaus größerem Unheil und Problemen bewahrt oder in irgendeiner Art und Weise gestärkt haben.

Finden Sie den Segen, der in Ihrer Situation steckt

Die folgende Geschichte erzählte der amerikanische Unternehmensberater Brian Tracy bei einem Vortrag in Chicago.
Einer seiner Freunde, der zu den fünfhundert erfolgreichsten Unternehmern Amerikas gehörte, hatte einen Sohn, der sich, möglicherweise wegen mangelnder Aufmerksamkeit seitens seines Vaters, zu einem echten Rüpel entwickelt hatte. Hauptsächlich schikanierte der Junge das Personal und trieb sich herum. Nach seinem Schulabschluss besorgte ihm der Vater eine Anstellung bei einem Geschäftspartner, doch schon nach achtzehn Monaten wurde sein Sohn unter anderem wegen seiner schlechten Manieren gefeuert. Sein Vater suchte im Kreise erfolgreicher Unternehmer eine neue Beschäftigung für ihn, doch auch dort wurde der Junge nach achtzehn Monaten entlassen. Da der Kündigungsgrund Inkompetenz lautete, gab er sich nun große Mühe, pünktlich zu sein, und besuchte verschiedene Kurse, um sich weiterzubilden. Doch wieder – nach achtzehn Monaten kam die Kündigung. Ein viertes Mal besorgte ihm sein Vater einen Posten, und der junge Mann strengte sich jetzt noch mehr an, arbeitete hart an sich, war zuvorkommend und entwickelte kreative Ideen für das Unternehmen – doch ohne Erfolg. Nach achtzehn Monaten erhielt er ein Kündigungsschreiben. Entsetzt bat der mittlerweile junge Mann um ein Gespräch mit seinem Vorgesetzten. Er wollte vor allem wissen, was er tun könne, um dem Schicksal wiederholter Entlassung zu entgehen. Sein Chef entgegnete ihm daraufhin, dass er selten einen so guten und engagierten Mitarbeiter gehabt hätte, und es gäbe nichts auszusetzen.

Er bedauere zutiefst, ihn gehen lassen zu müssen, aber »achtzehn Monate« war nun mal die Abmachung mit seinem Vater gewesen.

Der junge Mann war entsetzt. Voller Wut fuhr er nach Hause, um seinen Vater zur Rede zu stellen und dann seine Sachen zu packen. Er schwor sich, von nun an allein seinen Weg zu gehen und nie wieder ein Wort mit dem Vater zu wechseln. Kurzerhand nutzte er nun seine gesammelten Erfahrungen und machte sich selbstständig. Innerhalb weniger Jahre baute er ein erfolgreiches Geschäft auf.

Als er eines Abends mal wieder in seine Opferrolle zurückfiel und seiner Freundin zum wiederholten Male erzählte, was ihm sein Vater angetan hatte, antwortete diese: »Liebling, du warst in deiner Jugend ein echter Rüpel. Kannst du dir vorstellen, dass dein Vater dies alles getan hat – selbst auf die Gefahr hin, dich zu verlieren – nur, um dich zu dem zu machen, was du heute bist?« Der Mann war sprachlos und erkannte jetzt, dass sein Vater allein aus Barmherzigkeit und Liebe gehandelt hatte. So setzte er sich ins Auto, um zu seinem Vater zu fahren, den er jahrelang weder gesehen noch gesprochen hatte.

In unserem Leben finden bisweilen Ereignisse statt, die tiefe Wunden im Herzen und Spuren im Sand der Zeit hinterlassen. Wir scheinen vor unlösbaren Problemen zu stehen und drohen den Boden unter unseren Füßen zu verlieren. Das kann eine Scheidung sein, ein großer finanzieller Verlust, der Tod eines geliebten Menschen oder die Nachricht von einer schweren Krankheit. Doch häufig sind es gerade diese Ereignisse, die unserem Leben eine neue positive Wende geben, da wir genötigt sind, unsere ausgetretenen Pfade zu verlassen. Nun, sicher kennen Sie solche Ereignisse, ich habe jedenfalls noch keinen Menschen getroffen, der nicht durch tiefe Täler wandern musste.
Einer der großen Feinde des Menschen ist seine Komfortzone, und um uns die Gelegenheit zu geben, uns weiterzuentwickeln, serviert uns das Leben auch Probleme. Ja, ohne Hunger würden wir möglicherweise vergessen zu essen. Stellen Sie sich deshalb bitte zumindest theoretisch vor, dass das Leben Sie bedingungslos liebt. Gleich, was in Ihrer Lebensgeschichte geschrieben steht, so wurden Ihnen alle Hindernisse doch nur als Aufgaben präsentiert, damit Sie in der Evolution Ihres Bewusstseins voranschreiten.

Schicksal und Segnung

In einem Lokal kam ich mit einem pensionierten Kriminalbeamten ins Gespräch, der mir berichtete, wie er seine krebskranke Frau die letzten drei Jahre gepflegt hatte. Dabei musste er allerlei Widerstände überwinden, wenn es zum Beispiel darum ging, einen Rollstuhl oder die Fahrkostenerstattung zur Chemotherapie zu beantragen. Seine geliebte Ehefrau war nun am ersten Weihnachtsfeiertag gestorben, und er hatte kurz darauf einen körperlichen und seelischen Zusammenbruch erlitten. »Ich kann darin absolut nichts Positives sehen, Herr Duprée. Sagen Sie es mir.« Ich antwortete nicht, sondern nickte nur. Nach einer Weile der Stille erzählte ich von unserer Freundin Gabi.

Gabi hatte eine sichere und gut bezahlte Stelle bei einer international renommierten Firma. Eines Tages kam die Nachricht, dass ihr Vater in Kroatien schwer erkrankt sei und nun pflegedürftig war. Ihre beiden Schwestern lebten zwar ebenfalls in Kroatien und waren zudem nicht berufstätig, trotzdem wollten sie sich nicht um den Vater kümmern. So gab Gabi nach einigen Diskussionen mit ihren beiden Schwestern den Arbeitsplatz in Basel auf und ging in das Land ihrer Kindheit zurück. Zwei Jahre lang pflegte sie dort ihren Vater, bis er in ihren Armen einschlief, wie sie sagte. »In mir steckte so viel Trauer, und ich wollte nicht, dass mein Groll gegen meine Schwestern mein Leben regierte. So machte ich viel Ho'oponopono und segnete sie«, sagte Gabi. »Während dieser Vergebungsarbeit lernte ich zwar, meinen Schwestern vom Kopf her zu verzeihen, doch es blieb ein bitteres Gefühl im Herzen. Ein ganzes Jahr lang machte ich wohl jeden Tag ein Ho'oponopono, bis ich eines Tages Danke sagte und mir dabei vollkommen klar wurde, welch große Segnung, welch wunderbares Geschenk ich erhalten hatte.« Gabi sprach jetzt lauter und voller Freude: »Danke, danke, danke, liebe Schwestern, dass ihr mir die Gelegenheit gegeben habt, mich um unseren Vater zu kümmern. So haben wir die letzten Tage gemeinsam verbracht, und ich hatte die Gnade, ihn in seinen letzten Minuten im Arm zu halten.«

Im Widerstand gegen ihre Schwestern konnte Gabi das Geschenk des Universums nicht sehen. Erst indem sie Schicht für Schicht ihr Herz von aller Bitterkeit gereinigt hatte, konnte das sanfte Licht der Liebe in ihrem Herzen leuchten. »Jetzt kann ich den Segen deutlich sehen«, sagte Gabi.

Am Ende dieser Geschichte schwiegen der Kriminalbeamte und ich. Wir nickten uns zu, und Tränen liefen uns über die Wangen. Wir müssen alle einmal gehen und weiterreisen. Das, was wirklich bleibt, ist nicht die Erbschaft, das Geld oder das Haus, sondern unsere Beziehungen, ein Bild im Herzen und Erinnerungen daran, wie es miteinander war und wie wir uns getrennt haben.

ÜBUNG

Blicken Sie bitte auf Ihr Leben zurück, und schreiben Sie in Ihr Arbeitsbuch eine Liste vermeintlicher Schicksalsschläge. Nehmen Sie sich dafür vielleicht an einem Sonntag einen ganzen Tag Zeit und lassen Sie Ihr Leben einmal Revue passieren.
Wenn Sie hinter jedes Ereignis Jahreszahlen schreiben, erkennen Sie möglicherweise sogar ein Muster. Reflektieren Sie über Ihr Leben und notieren Sie dann hinter jedem Geschehen, was Sie gelernt haben bzw. in welche positive Richtung dies Ihr Leben gelenkt hat. Finden Sie den Segen, der in jeder Situation steckt.

TEIL II

HUNA

Ähnlich wie die Engländer die verschiedenen philosophischen und religiösen Strömungen in den Ländern jenseits des Indus in dem Wort Hinduismus zusammenfassten, so versuchte auch der amerikanische Sprachforscher Max Freedom Long in den 1920er Jahren die Philosophie der großen Schamanen Hawaiis mit dem Wort *Huna* – Wissen und Weisheit – zu beschreiben. Huna gilt als Erkenntnisweg der Kahunas und offenbart sich in sieben Schritten. Diese sind *Ike* (Bewusstsein), *Kala* (Freiheit), *Makia* (Fokus), *Mana* (Energie), *Manawa* (Zeitpunkt), *Aloha* (Liebe) und *Pono* (Flexibilität).

Ike – Die Welt ist das, wofür Sie sie halten

Aus der Sicht von Huna besitzen wir Menschen keine objektiv gültige Wahrheit, sondern nur jene subjektiven Wahrheiten, die durch unsere Art zu denken gefiltert wird. Von all den etwa 30.000 Informationen bzw. Reizen, die in jedem Moment auf uns einströmen, können wir bewusst nur einen einzigen wahrnehmen und verarbeiten. Wofür wir uns entscheiden, hängt davon ab, was wir schon gut kennen, welches Interesse wir zeigen oder wovor wir uns fürchten. Ein und dieselbe Situation wird von mehreren Menschen immer unterschiedlich wahrgenommen, wie zum Beispiel ein Stau oder Regenwetter. Was für den einen ein Segen, mag für einen anderen eine Katastrophe sein, weshalb aus buddhistischer Sicht jedes Ereignis zunächst »leer« ist. Die Bedeutung entsteht erst durch die Betrachtung des Menschen.

Einst lud ein Kaufmann einen Mönch ein, dass dieser seinen kleinen Sohn segnete. »Mein Herr, bitte segne meinen Sohn mit Glück, denn ich habe gehört, dass Eure Segnungen niemals fehlgehen.« Darauf sprach der Mönch: »Wenn dein Sohn ebenfalls ein Kaufmann wird, so möge er lange leben und genießen, denn er wird in seinem nächsten Leben die Ergebnisse sowohl seiner guten als auch seiner schlechten Taten erfahren. Wenn dein Sohn ein Mönch wird, einer von jenen, die nach der Wahrheit streben, so möge er bald sterben und zu Gott gehen, denn im Leben gibt es viel Kummer. Doch wenn dein Sohn ein Dieb und Betrüger wird, so möge er niemals sterben, denn er muss im nächsten Leben für all seine Missetaten leiden.«

Egal wie freundlich oder bedrohlich ein Ereignis oder eine Situation auch aussieht, wir werden sie durch unsere eigene Wahrnehmungsbrille sehen. Je nachdem, wie unser Geist, das heißt unser Denken, gefärbt ist, sehen wir eine Situation schwarz, weiß oder rot, und schließlich ist es immer unsere eigene Färbung, die die Welt so erscheinen lässt, dass unsere Überzeugungen und Erwartungen bestätigt werden. Wir legen uns die Welt entsprechend unseren vorherrschenden Gedanken zurecht. Wenn wir nun eine dunkle Brille tragen und uns ärgern, dass es in der Welt so düster ist, müssen wir uns nicht wundern, wenn Menschen uns aus dem Weg gehen. Statt sich zu ärgern, wäre es gut, darüber nachzudenken, warum einem die Leute ausweichen.

Wir starteten zu einer Wanderung auf 1600 Meter Höhe und mit wundervollem Sonnenschein. Niemand der zehn Teilnehmer hatte mit Regen gerechnet, doch am Ende kamen wir völlig durchnässt nach Hause. Am Abend beklagte sich dann ein Teilnehmer, dass auf der Internetseite des Kurses kein einziges Foto mit Regen zu sehen sei, da er ja sonst Regenkleidung mitgenommen hätte. Ein paar Tage später fuhren wir zu einem großen Wasserfall, um uns in einem Ho'oponopono-Ritual zu reinigen. Ich hatte angekündigt, dass wir dort auf jeden Fall nass werden würden und es wichtig sei, mindestens zwanzig Minuten ganz nah am Wasser zu verweilen. So standen wir in unserer Regenkleidung eine halbe Stunde ganz nah am Wasserfall. Es war windig, nass und kalt, und wegen der machtvollen Energie konnten wir kaum atmen. Alle waren gut gelaunt und hatten viel Spaß dabei. Der erste Regen während der Wanderung hatte nur dreißig Minuten gedauert, und es war sogar viel wärmer gewesen, doch jetzt hatten sich die Einstellung und die Erwartungen der Teilnehmer verändert.
Oft nehmen wir die Welt durch eine Brille wahr, die wir schon früh in unserer Kindheit aufgesetzt haben, und da wir diese Brille schon so lange tragen, glauben wir, wir sähen durch sie die Wahrheit. So kommt es häufig vor, dass Menschen gegen Tatsachen wie das Wetter, das nicht zu ändern ist, Widerstand leisten und dabei Energie verlieren.
Häufig beobachte ich, dass Menschen die Bemerkungen von anderen auf sich beziehen und missdeuten. Dabei vergisst man, dass Menschen doch hauptsächlich über sich selbst sprechen und nur ihre innere Wahrheit in die Welt hinausposaunen. Wenn jemand zu Ihnen also sagt: »Du siehst aber alt aus«, spricht dieser Mensch möglicherweise über sich selbst und meint: »Ich fühle mich alt.«

Jeder möchte das Gefühl haben, von seinen Eltern vorbehaltlos geliebt und wertgeschätzt zu werden. So kam eine Frau zu mir in die Beratung, die sehr unglücklich war, weil ihre Mutter sie nicht mochte und sogar hasste, wie sie berichtete. Sie sagte, dies sei schon seit ihrer Kindheit so, und meine Frage, ob sie denn ihre Mutter mochte, beantwortete sie mit einem klaren Nein. »Schließlich mag mich meine Mutter ja auch nicht«, sagte sie. Ich fragte daraufhin, auf welcher Grundlage ihre Annahme beruhe und wie sie konkret festgestellt habe, dass ihre Mutter sie ablehne. Meine Klientin antwortete: »Von meinen Geschwistern kennt meine Mutter die exakte Uhrzeit ihrer Geburt, nur von mir nicht.« Bei einem genaueren Blick auf ihre Kindheit stellte sich heraus, dass sich ihre Mutter um all ihre drei Kinder gut gekümmert hatte, man viel Zeit miteinander verbracht hatte und keines der Kinder benachteiligt worden war. Vor ihrer Geburt hatte ihre Mutter jedoch ein Kind im Babyalter verloren und war darüber lange Zeit sehr traurig gewesen. Schließlich konnten wir uns beide vorstellen, dass der Mutter die Geburtszeit meiner Klientin in Anbetracht des Erlebten nicht so wichtig war, und wir stellten fest, dass das Problem auf ihrer Deutung als Zwölfjährige beruhte. Die Frau war erleichtert, glücklich und erkannte, dass ihre Mutter sie sehr liebte.

Jene Situationen, die wir als Verletzung bezeichnen, verliefen oft ganz anders, als wir glauben. Einmal erzählte mir eine ältere Dame, wie sehr sie sich als Kind weiße Schuhe gewünscht hatte, doch ihr Vater habe ihr immer nur braune Schuhe gekauft. Sie glaubte, ihr Vater hätte dies getan, weil er sie ablehnte. Später fühlte sie sich häufig als Opfer von Kollegen, Nachbarn und insbesondere von Vorgesetzten, die ihr etwas nicht gönnten. Daraus schloss sie, es nicht wert zu sein, irgendetwas zu bekommen.

Diese alten Überzeugungen und einschränkenden Muster »ich bin wertlos« und »mein Vater liebt mich nicht« haben wir dann gemeinsam mit Ho'oponopono und EFT, einer Methode, bei der man auf Meridianpunkte am Körper klopft, aufgelöst. Wie mir meine Klientin berichtete, hat sich ihr Leben nun in eine neue und glückliche Richtung entwickelt.

Gedanken sind jene machtvolle Energie, mit welcher wir unsere Realität formen, und wir Menschen besitzen glücklicherweise die Fähigkeit, aus jeder Situation einen Stolperstein oder ein Sprungbrett zu machen. Es gilt nur, jene Gedankenmuster und Lebensprogramme zu erkennen, die uns behindern, und diese dann zu transformieren. Unsere stärksten Überzeugungen beruhen auf der Interpretation der verschiedenen Ereignisse in unserem Leben, primär in unserer Kindheit. Das, was wir uns sozusagen über uns und die Welt erdacht haben, muss in der Realität also gar nicht existieren. Wenn wir ein vorschnelles Urteil vermeiden, können wir mehr wahrnehmen und erschaffen uns weitere Wahlmöglichkeiten. Es ist recht vorteilhaft zu trainieren, die Welt aus verschiedenen Blickwinkeln zu betrachten und vor allem die Vergangenheit durch Vergebung hinter sich zu lassen. Ich versuche die Ereignisse und Situationen in meinem Leben zu segnen, gerade dann, wenn ich noch nicht weiß, wofür diese Situation gut ist. Für jedes Ereignis gibt es einen verborgenen Sinn, und indem ich mich entscheide, eine Situation bewusst nicht mehr als Beschränkung zu betrachten, verändern sich meine Gefühle. Da Sie nicht zwei Gedanken gleichzeitig denken können, haben Sie die Möglichkeit, jeden einengenden und sorgenvollen Gedanken durch einen freien, sich ausdehnenden Gedanken zu ersetzen.

Wenn wir mutig sind und genauer hinschauen, hat uns das Leben exakt das serviert, was wir uns bereits aus irgendeinem versteckten Grund gewünscht haben oder mit ganzer Kraft vermeiden wollten. Menschen beklagen sich zum Beispiel, mit jemandem Streit zu haben, und wenn man nachhakt, erfährt man, dass man den Konfliktpartner schon vorher gedanklich kritisiert hatte. Alles, was wir oft denken und wovon wir überzeugt sind, sucht nach Bestätigung und will sich manifestieren. Deshalb ist es wichtig zu reflektieren und zu erkennen, womit wir uns gedanklich beschäftigen, und unsere Gedanken wenn nötig wieder in konstruktive Bahnen zu lenken.

Das Haus meiner Eltern und Großeltern liegt auf einem unregelmäßig verlaufenden Grundstück. Der Lauf des angrenzenden Flusses hatte sich über die vergangenen zweihundert Jahre mehrfach geändert, und so wurde das Grundstück mal kleiner und mal größer. Ein Teil des Grundstücks, dort wo mein Vater als Kind einen Baum gepflanzt hatte, gehörte nun jemand anderem. Dieser Umstand belastete meinen Vater außerordentlich, denn sein Vater hatte ihn einst für diesen prachtvollen Baum sehr gelobt. Ich wollte meinen Vater beruhigen und erklärte ihm die Prinzipien des *Vastu*, einer alten Wissenschaft über Raumenergien. Auf einer Karte kennzeichnete ich dazu die positiven Teile des Grundstückes mit einem Pluszeichen und alle negativen Teile mit einem Minuszeichen. Da das Gelände mit dem Baum zu einem energetisch ungünstigen Teil gehörte, sagte ich ihm, er brauche sich keine Sorgen zu machen, auch wenn ihm dieser Teil des Grundstückes nicht mehr gehöre. Mein Vater fühlte sich gekränkt und wollte nichts davon hören, dass ausgerechnet dieser Teil des Geländes negative Energien haben sollte. Obwohl mein Vater diese Aufzeichnungen schon bald darauf verlor, verschenkte er doch nach einiger Zeit exakt die Teile des Grundstücks, die ich als negativ gekennzeichnet hatte, und zwar mit solcher Genauigkeit, dass auch ein Flurstück, auf dem ein Teil meines Elternhauses steht, mit verschenkt wurde, und das führte nun zu vielerlei Verwicklungen.

Es ist mir klar, dass meine Aufzeichnungen sich realisierten, um geprüft zu werden. Damals hatte ich all das noch nicht bis ins Detail durchdacht, sondern nur als reine Theorie aufgemalt. Ich war mir dessen nicht bewusst, dass meine Formulierungen (das, was ich in eine Form brachte) Gestalt annehmen könnten, und jetzt lerne ich neue Wege und neue Möglichkeiten, diese Situation zu sehen. Wir können unser Inneres erst erkennen, nachdem sich unsere Wünsche in der greifbaren Welt manifestiert haben. Zunächst mögen wir glauben, die Welt sei von unseren Gedanken, Gefühlen und Wünschen völlig unabhängig, und was uns umgibt, sei von uns getrennt. Doch in Wahrheit ist das Subtile immer schöpferisch, und zum Glück haben wir immer wieder die Gelegenheit, die Welt durch eine neue Brille zu sehen.

Jedes Hindernis ist eine Segnung, da es uns zwingt, neue Wege zu suchen, neue Fähigkeiten zu entwickeln und aus unserer Komfortzone aufzubrechen. Es fordert uns auf zu lernen, doch viele Menschen betrachten Hindernisse als Feinde, sich selbst als Opfer und zweifeln an sich, an ihrer Intelligenz und an ihren Fähigkeiten. Dadurch startet ein Selbst-Sabotage-Programm, in dem wir uns selbst bemitleiden und uns als Opfer der Umstände fühlen. Wissen (Ihr Wissen), Glaube (an sich selbst und an Gott) und Vertrauen (in das Leben und die eigenen Fähigkeiten) sind die Zutaten zum Glück, und Sie werden all Ihre destruktiven Überzeugungen, Beschränkungen, Prägungen, Denkmuster und begrenzende Strukturen überwinden, wenn Sie erst einmal Ihre Zweifel über Bord werfen. Streichen Sie deshalb bitte den Begriff »unmöglich« aus Ihren Wortschatz, da Ihnen dieses Wort verbietet, neue Möglichkeiten in Ihrem Leben zu sehen. Ihre Welt ist das, wofür Sie sie halten. Wir glauben, dass die kosmische Intelligenz Sie liebt, segnet und selbst das Unmögliche in Ihnen möglich machen kann. Wenn Sie die geistigen Gesetze verstehen und den universellen göttlichen Gesetzten der Harmonie folgen, werden Sie von diesen Prinzipien selbst in Ihrer persönlichen Entwicklung gefördert. Richten Sie Ihre Gedanken bitte auf Dankbarkeit und segnen Sie sie. Dadurch sind Sie immer mit der Fülle verbunden und erhalten alles, was Sie auf Ihrem weiteren Weg brauchen.

Makia – Die Energie fließt in Richtung Ihrer Aufmerksamkeit

Wollen Sie von anderen Menschen und von Gott gesegnet werden? Möchten Sie, dass andere Ihnen Gutes wünschen? Und wollen Sie auch, dass das Universum Ihnen zugeneigt ist?

Sicherlich haben Sie schon darüber nachgedacht, was Sie in Ihrem Leben gerne erreichen wollen, und sich bereits dafür engagiert und vielen neuen Wegen geöffnet. Wir haben deshalb eine sehr gute Nachricht: Weil Sie von all Ihren bisherigen Erfahrungen profitieren, können Sie mit vollem Vertrauen Ihre positiven Ziele weiter verfolgen. Seien Sie bereit, alle Segnungen zu erhalten und anzunehmen. Bitte segnen und bewundern Sie genau jene Menschen, die das, was Sie gerne auch erreichen möchten, bereits haben. Damit öffnen Sie sich der Möglichkeit, gerade von diesen Menschen zu lernen. So bringen Sie Ihre persönliche Schwingung in Einklang mit Ihren Zielen und dem Universum, und schließlich werden Sie diese auch erreichen.

Die meiste Zeit befindet sich die Masse der Menschen in einem unbewussten Zustand; sie grübeln, wiederholen wie in einer Warteschleife im Geiste längst Gesagtes oder lassen ihre Gedanken einfach nur schweifen. Umfangreiche Forschungen haben gezeigt, dass der Mensch auf diese Art und Weise mehr als achtzig Prozent seiner kostbaren Gedankenkraft vergeudet. Man könnte nun glauben, dass unsere unbewussten Gedanken und ebenso unser unbewusstes Sprechen keinen Einfluss haben, doch bereits am Gesichtsausdruck eines Menschen können wir erkennen, was jemand auch unbewusst denkt oder fühlt. Selbst der sogenannte Gedanken-Split zeigt seine Wirkung, denn das Unterbewusstsein, das Innere Kind (Ku oder Unihipili), wie die Kahunas sagen, hört jeden einzelnen Gedanken mit und zeigt ihn in Gestik, Mimik und Mikromimik. Das Innere Kind merkt sich, was stetig wiederholt wird, und ordnet diese Gedanken dann als wichtige Daten ein – warum sollten sie denn sonst so oft vom Mittleren Selbst (Uhane) gedacht werden? Da heißt es dann vielleicht ständig: Ich darf nicht zu spät kommen …, ich möchte nicht, dass andere schlecht über mich denken …, ich soll nicht …, ich darf nicht …, ich muss …, usw.

Für das Unterbewusstsein besteht kein Unterschied, ob wir etwas erleben wollen oder genau dieses zu vermeiden suchen. Es versteht kein »Nein«, »Nicht« oder »Niemals«, denn für unser schöpferisches Gehirn ist es nicht logisch, sich mit Dingen zu beschäftigen, die wir nicht wollen. Es kennt kein Innen oder Außen, und ob Sie deshalb über sich oder andere sprechen, bleibt neurologisch das Gleiche. Ebenso unter-

scheidet das Unterbewusstsein nicht zwischen Vergangenheit, Gegenwart und Zukunft, denn wir würden sonst nicht schon in der Gegenwart leiden, wenn wir erst in der Zukunft etwas Schlechtes erwarten.
Wenn ich Klienten frage, was sie sich wünschen, folgt meist eine Stille, und sie sind überrascht, gar keine Ziele zu haben. Schließlich zählen sie auf, was sie nicht mehr erleben möchten. Nun, solange wir noch keine Idee haben, wie unser Leben aussehen soll, müssen wir damit zufrieden sein, was wir bisher mit unseren Gedanken geformt haben. Unsere primären Gefühle, alles, was uns genug reizt, sind für unser Unterbewusstsein ein Zeichnen, sich zu konzentrieren und sich darum zu bemühen, dass wir noch mehr davon erfahren – sei es positiv oder negativ. Unsere Welt entfaltet sich entsprechend unserer Aufmerksamkeit, unserem Fokus und der Bedeutung, die wir den Dingen geben. So können Sie die Entwicklung Ihrer Welt bewusst steuern, denn es wird sich das entwickeln, dem Sie nur genug Beachtung schenken. Ihr Bewusstsein wirkt dabei wie eine Art Brennglas, und je mehr Sie einer Sache Ihre Aufmerksamkeit widmen, umso mehr Energie wird in diese Richtung fließen. Wir haben die Wahl und können unser Unteres Selbst auf das lenken, was wir uns wünschen, was schön und angenehm ist, und wir können dabei klare Grenzen bezüglich dessen setzen, was uns nicht guttut. Wenn uns etwas aus der Mitte bringt, können wir die Ereignisse hinterfragen: Was spiegelt mir diese Situation? Tue ich etwas Ähnliches? Welche Fehler habe ich mir noch nicht verziehen, und wovor fürchte ich mich?
Wenn wir als Individuen, in Partnerschaften, Familien, am Arbeitsplatz oder weltweit in Harmonie leben wollen, dann müssen wir unser Augenmerk ganz konsequent auf das richten, was uns Frieden bringt.

Segnen Sie deshalb jeden Menschen, dem Sie begegnen. Von Mutter Teresa wird berichtet, es sei ihre Meditation gewesen, in den Straßen von Kalkutta in jedem die Augen von Jesus zu suchen. Wenn Sie das probieren, etablieren Sie sofort Frieden und Akzeptanz in sich.

Der Segen und die neue Stelle

Bei ihrem Vortrag 2013 in Hamburg erzählte Louise L. Hay die folgende Geschichte: Zu ihr kam ein Pianist, um sich beraten zu lassen, weil er keine geeignete Arbeit fand, um von seiner Begabung leben zu können. Es gab nur eine Stelle in einem Hotel, doch dort wollte er nicht arbeiten, da weder der Chef noch das Hotel einen guten Ruf hatten. Louise empfahl dem Pianisten das Hotel zu besuchen und dort alles zu segnen, was er als schön und gut empfände, wie zum Beispiel die Räumlichkeiten, die Tischdecken, das Essen oder die Angestellten. Als Nächstes sollte er einen Termin mit dem Besitzer vereinbaren und während des Gesprächs die guten Eigenschaften des Mannes erkennen und segnen. Nach ein paar Monaten trafen sich Louise und ihr Klient wieder. Er berichtete, dass er nach dem Gespräch mit dem Hotelbesitzer die Stelle erhalten habe. Er habe jetzt ein sehr gutes Gehalt, und sein Arbeitgeber sei mittlerweile ein guter Freund geworden. Die Kollegen hätten sich gewundert, wie das wohl möglich sei. Er habe ihnen daraufhin seine Strategie anvertraut, aber man hielt das nicht für möglich: »Einfach segnen? Zu einfach«, sagten sie und winkten ab.

Unser Essen beeinflusst unser Denken

Alles Geniale, liebe Leserinnen und liebe Leser, ist bekanntlich einfach, und wir können lernen, negative und destruktive Gespräche, solche, die uns irritieren, Kraft rauben und schlechte Laune bringen, zu meiden. In der Tat brauchen wir nur jenen Gesprächen zuzuhören, die zielgerichtet und schöpferisch sind. Doch unser mentales und emotionales Wohlbefinden wird nicht nur davon beeinflusst, was wir hören und sehen, sondern auch davon, was wir essen. Ob Äpfel, Dinkelbrot, Gemüsesuppe oder Fleisch – alles, was wir verzehren, hat seine Wirkung auf unsere Psyche. So gelangt zum Beispiel die im Fleisch gespeicherte Todesangst der Tiere in unser Bewusstsein und in jede einzelne Körperzelle. Wenn wir zu Ostern, einem Fest des Friedens und des Vertrauens, kleine Lämmer essen, ist es offensichtlich, dass das kein Akt der Liebe und des Mitgefühls ist. Stellen Sie sich vor, wie diese kleinen Schäfchen ohne ihre Mütter in einem Transport von der Slowakei nach Italien gebracht werden, um dort zersägt zu werden. Ist das ein Segen? Kein Tier geht freiwillig in ein Schlachthaus, und all das Leid und die Angst sind in diesem Fleisch gespeichert. All das beeinflusst unseren Geisteszustand, gleich, wie man es versuchen mag zu rechtfertigen. Alles ist Energie, und wenn wir eine Welt des Friedens erschaffen wollen, müssen wir die gleiche Energie, nämlich Gewaltfreiheit, aussenden.

Es ist ganz einfach: Besucht man ein Schlachthaus, fühlt man sich grauenhaft. Geht man hingegen in den Wiesen oder Hobby-Gärten spazieren, fühlt man sich wohl. Warum sollte man also etwas aus einem Schlachthaus essen, wo Angst, Tod, Schreie und üble Gerüche herrschen? Wir sind mit den Schmerzen und der Qual der Tiere verbunden, und alles, was wir aussenden und unterstützen, kehrt zu uns zurück. Müsste man sich einen Film vom Leben eines solchen Lammes angucken, vom Anfang bis zum Ende, wer bliebe dabei noch in einem guten Geisteszustand? Aus spiritueller Sicht sind wir aufgerufen, diesen Weg zu verlassen und uns neuen Werten zuzuwenden, wie der Literaturpreisträger Hermann Hesse (1877–1962) bereits sagte: »Die religiöse Ehrfurcht vor dem, was unter uns ist, umfasst natürlich auch die Tierwelt und legt den Menschen die Pflicht auf, die unter ihm entstehenden Geschöpfe zu ehren und zu schonen.« Die Energie folgt dem, was wir tief in unseren Herzen denken, und so kann jeder dazu beitragen, das Leid der Zuchttiere und damit das Leid in der Welt zu verringern, indem er tief in sein Herz blickt und eine Entscheidung für das Gute trifft.

Gedanken werden sichtbar

Das Universum wertet nicht, sondern wir bekommen nur das, womit wir uns beschäftigen, was wir tun, worüber wir ausreichend sprechen, anschauen, denken und schmecken, sei es positiv oder negativ. Psychologisch liegt im Verurteilen der versteckte Wunsch, jemanden zu bestrafen, und je mehr wir uns mit unangenehmen Situationen und Personen beschäftigen, desto mehr glaubt das Innere Kind, wir seien diejenigen, welche Strafe verdienten[7]. So erschaffen wir weitere Täter und leidvolle Situationen. Weil das Unterbewusstsein nicht zwischen innen und außen unterscheidet, dreht sich also immer alles nur um uns, und so glaubt ein jeder Mensch, er sei der Mittelpunkt der Welt. Was in Gedanken unsichtbar war, wird sichtbar, und wir sind in gewisser Weise heute dort, woran wir gestern gedacht haben. Lassen Sie uns also konstruktiv denken, damit wir uns auf das Morgen freuen können.

---

7 »Richtet nicht, auf dass ihr nicht gerichtet werdet.« (Matth. 7,1.)

Zu einer unserer Ho'oponopono-Wanderwochen im Wallis kam eine Teilnehmerin mit einer Gehhilfe, einem Rollator. Wegen Problemen mit ihrer Hüfte konnte sie keine Wanderung ganz mitmachen. Die morgendlichen Smoothies konnte sie nicht trinken, und da sie nicht gut hörte, verstand sie immer nur jene, die laut genug sprachen. Nichtsdestotrotz war sie immer zufrieden und steckte alle mit ihrer guten Laune an – warum? Sie hatte in ihrem Leben weite Schicksalstäler durchwandert und führte trotz allem ein glückliches Leben. Ich habe sie gefragt, wie sie all das so gut gemeistert habe, und ihre Antwort lautete: »Ich habe mich nur auf mein Ziel konzentriert. Punkt.«
Segnen Sie bitte das Leben und lenken Sie Ihre Aufmerksamkeit auf das Leben. Wenn wir segnen, lieben, annehmen, bewundern, wertschätzen und schöpferisch denken, werden wir auch immer das ernten, weil wir es gesät haben, und daher, liebe Leser, gehe ich jetzt in unseren Garten und säe unser Herbstgemüse aus.

Kala –
Freiheit, Vergeben und Verzeihen

Die folgende dramatische Geschichte erzählte uns Bernd während eines Seminars:

1945, gegen Ende des Zweiten Weltkrieges, wurde Dr. George Ritchie mit einer Gruppe von Ärzten in die befreiten Konzentrationslager geschickt, um schnelle medizinische Hilfe zu bringen. In einem Lager in Deutschland lernte er dann einen Mann kennen, den die amerikanischen Soldaten Bill Cody nannten. Seinen richtigen polnischen Namen konnte niemand aussprechen. Bill Cody war kräftig im Vergleich zu den anderen ehemaligen Gefangenen, die knapp dem Hungertod entronnen waren und kaum gehen konnten, und er ging aufrecht. Es stellte sich heraus, dass er einige Sprachen beherrschte und im Lager als eine Art Dolmetscher fungiert hatte. Die Soldaten, das Ärzteteam und Bill arbeiteten zusammen, und während nach einem langen Tag alle erschöpft waren, schien Bills Energie unerschöpflich.
Daraus schloss Dr. Ritchie, dass Bill Cody erst vor Kurzem in das Lager gekommen oder von den Nazis bevorzugt behandelt worden war. Als er die Papiere durchging, stellte Dr. Ritchie zu seinem Erstaunen fest, dass Bill Cody bereits seit 1939, also sechs Jahre lang, im KZ unter denselben Bedingungen wie die anderen zwischen Typhus, Durchfall, Mord und Folter in einer Baracke gelebt hatte. Irgendwann erzählte dann Bill Cody mit wenigen Worten seine Geschichte.
»Wir lebten in Warschau. Die Deutschen gingen durch das Ghetto und stellten meine Frau und meine fünf Kinder, zwei Töchter und drei

Jungs, an die Wand und schossen sie zusammen. Ich bettelte und flehte, mich auch zu erschießen. Weil ich Deutsch sprach, nahmen sie mich mit. Ich war Rechtsanwalt und hatte oft gesehen, was der Hass aus den Menschen macht. Jetzt hatte der Hass meine Familie ausgelöscht, und ich musste mich entscheiden: Mochten es Tage, Wochen oder Monate sein, die mir noch blieben, ich wollte ab sofort jeden Menschen lieben, dem ich begegnete – jeden.«

Wir haben jederzeit die Freiheit, einen negativen Gedanken durch einen positiven zu ersetzen und eine schlechte Gewohnheit mit einer förderlichen zu tauschen. Das macht uns frei. Was wir uns vergeben dürfen, ist, dass wir unsere spirituelle Identität und unsere Verbundenheit mit der Natur vergessen haben. Menschen identifizieren sich primär mit ihrem Körper und sagen oft: »Ich muss irgendwann sterben«, anstatt: »Ich reise weiter.« Wer zum Beispiel eine Urlaubsreise antritt, wird vorher keinesfalls seinen Garten zerstören, da er ja wiederkehrt. Niemand ist so dumm und vergiftet seinen eigenen Brunnen – oder doch? Menschen identifizieren sich mit ihren Gedanken, obwohl diese auch nur zeitweilig sind, und die meisten Menschen wissen nicht einmal, was sie gestern gegessen, geschweige denn gedacht haben. Wir sind nicht unsere flüchtigen Gedanken, sondern wir haben Gedanken, und deshalb können wir sie wechseln, wie ein Hemd, das Löcher hat. Warum also Gedanken behalten, die uns schaden? Die Seele, der spirituelle Funke, ist so fein, dass wir sie immer wieder, Leben für Leben, vergessen. Und weil Gott uns nicht als bärtiger Mann auf Schritt und Tritt verfolgt, konzentrieren sich die Menschen lieber auf sogenannte Tatsachen.

Natürliche und unnatürliche Grenzen

Obwohl wir gerne auf vielen Hochzeiten tanzen wollen, geht das leider nicht, denn der Körper setzt uns Grenzen. Wir wünschen uns Freiheit, und das ermöglicht uns das Denken. Doch auch unser Geist und das Ego setzen uns Grenzen, weil sie nicht zulassen wollen, dass wir als großartige spirituelle Persönlichkeiten aus bekannten Gewohnheiten, Familienmustern, Glaubenssätzen oder einfach alten Programmen ausbrechen. Für den Denker und das Ego ist es einfacher, bei Bekanntem zu bleiben, selbst wenn das Schmerz bedeutet, als etwas Neues auszuprobieren. Viele Hunderttausende, Millionen von Menschen bleiben in Situationen, in Partnerschaften und in Arbeitsverträgen, obwohl sie sich damit körperlich und geistig zugrunde richten. Das Neue kostet Überwindung, Energie, Willenskraft, Intelligenz, vielleicht Zeit, aber vor allem aber den Mut, die eigenen bisherigen Fehler zuzugeben. Das gewohnte Denkschema abzulegen ist mit dem Schmerz des Egos verbunden, vielleicht als Versager oder einfach als dumm dazustehen. Das Ego sagt: »Das kannst du nicht machen, weil man das nicht macht.« Es sucht sich eine Entschuldigung, um weiter existieren zu können und uns so gefangen und klein zu halten, selbst wenn wir uns auf einem Weg befinden, der gar nicht funktioniert. Menschen scheinen gerne ihre Augen und Ohren geschlossen zu halten, denn etwas zu wissen kann bedeuten, sich verändern zu müssen.

Unsere Entscheidung ist ein Segen für andere

Kala – wir haben immer die Freiheit, etwas Neues in unser Leben einfließen zu lassen und damit glücklich zu werden oder unsere alte Maske aufzubehalten und zu glauben, alles wäre in Ordnung.

Am Beispiel der Vegetarier-und-Vegan-Bewegung sehen wir, wie Menschen ihre Augen und Ohren einfach nicht mehr vor der Entwürdigung der Tiere und dem Hungertod von 43.000 Menschen (laut UNO-Statistik) täglich verschließen können. Sie nahmen sich die Freiheit, sich neu zu orientieren. Die Menschen in der Dritten Welt hungern, weil zur Erzeugung von einem Kilogramm Fleisch sechzehn Kilogramm Getreide und zehn- bis zwanzigtausend Liter Wasser benötigt werden. Da das für die Industriestaaten ineffizient und teuer ist, wird dieses Getreide unter anderem in der Dritten Welt gekauft – gerade dort, wo es so dringend gebraucht wird. Man sagt deshalb, dass die Tiere der Reichen das Brot der Armen essen und hat ausgerechnet, dass circa eine Milliarde Menschen zu essen, hätten, wenn das ganze Getreide, das in der industriellen Massentierhaltung verfüttert wird, den Menschen vor Ort gegeben werden würde (laut World Watch-Institute). Sicherlich gäbe es auch einen Rückgang an Krankheiten, wie zum Beispiel der Schweinepest, der Creutzfeldt-Jakob-Erkrankung, Salmonellen-Vergiftungen, Übersäuerung, Bluthochdruck, Rheumatismus usw. Wir glauben deshalb, dass die Vegetarier-und-Vegan-Bewegung einen Segen für alle Beteiligten darstellt; für leidende Tiere, am Hunger sterbende Menschen und für die an Zivilisationskrankheiten leidenden Menschen der Industrienationen.

Grenzen durch Festhalten

Wir leben in einem Konflikt zwischen spiritueller Grenzenlosigkeit und materieller Begrenzung: Weil die Seele, unsere spirituelle Identität, völlig frei von jeglichen Bezeichnungen und Konzepten ist, drängt es uns geradezu, frei zu sein. Doch was uns oft in Unfreiheit hält, sind unsere Gedanken, da wir uns als Opfer von Mitschülern, Kollegen, Vorgesetzten, Institutionen, Konzernen und nicht zu vergessen den Expartnern fühlen. Vergebung und Segnen erlauben uns, dass wir uns in der Gegenwart wieder frei fühlen können. Letztlich geschehen alle Misstaten, alle Verbrechen, alle Kriege, all die Zerstörung der Umwelt nur aus Unwissenheit. Jesus bat am Kreuz, seinen Peinigern zu vergeben, da diese nicht wussten, was sie taten, und genauso würde der Mensch sicherlich anders handeln, wenn er sich seiner spirituellen Identität in jedem Augenblick seines Lebens bewusst wäre.

Wenn Sie verliebt sind, denken Sie doch sicherlich ständig an diese Person. Nun, genauso ist es, wenn man sich als Opfer fühlt und eine Person hasst. Es ist, als hätten wir eine Liebesbeziehung – nur in entgegengesetzter »Richtung«. Ist Ihnen das schon aufgefallen? Mit einem Täter im Gepäck glauben wir, wir hätten den Ärger, die Wut, den Groll und den Hass ganz unfreiwillig gewählt. Doch wer zwingt uns, über den Täter nachzudenken und am Hass festzuhalten? Ist es die Seele, der Körper oder das Ego? Wir haben die Freiheit loszulassen, in unserer Mitte zu bleiben und – falls gewünscht oder möglich – daran zu arbeiten, eine Entschädigung zu bekommen. In unserer Mitte haben wir die Kraft der Konzentration für unsere Ziele. Wir können Grenzen setzen und damit weiteren Schaden vermeiden.

Es gibt auch andere Grenzen, die wir uns oft freiwillig, allerdings unbewusst setzten – unsere Ängste und Erwartungen. Manchmal handeln wir aus Angst und schaffen damit ein mental begrenztes Territorium. Wir fixieren uns auf das Negative, bestärken damit das Unerwünschte, und als sich selbsterfüllende Prophezeiungen bestätigen sich schließlich unsere Erwartungen. Stattdessen wäre es viel vorteilhafter, mit der gleichen Intensität unser Bewusstsein darauf auszurichten, was wir tatsächlich wünschen. Um nicht im Zustand der Abwehr zu bleiben oder gar in Resignation zu verfallen, müssen wir (1) unsere persönliche Vision in konkrete Ziele verwandeln und uns (2) aktiv dafür einsetzen. Dieses Tun ist die Brücke zwischen der geistigen und physischen Welt.

Das grenzenlose Goldfischphänomen

Es ist offensichtlich, dass in der Welt mehr Frieden entsteht, wenn die Menschen mehr Frieden in sich selbst haben. Nehmen Sie deshalb ganz persönlich jene Veränderungen vor, die Sie gut finden. Das ist pono – richtig, wirksam und flexibel. Wenn Sie mehr Liebe von anderen erwarten, dann geben Sie mehr Mitgefühl, Verständnis und all das, was Sie sich wünschen, ohne zu erwarten, es zurückzubekommen. Wenn Sie sich nach mehr Freiheit sehnen, geben Sie Ihren Mitmenschen und den Tieren in den Käfigen die Freiheit. Wir wissen alle, was der Umwelt schadet, und gerade als Konsument haben wir die Freiheit und Verantwortung, bewusst zu handeln. Viele Produkte, die uns nur ein paar Cent kosten, verursachen bereits enorme Umweltschäden. Alles, was zuerst billig aussieht, muss nicht billig sein, und global gesehen zahlen wir bereits die Rechnung dafür, dass wir unsere Erde, das Wasser und die Luft verunreinigen. Wenn wir unsere Intelligenz dazu nutzen, über tiefgründige Themen wie zum Beispiel über die Konsequenzen unseres Handelns nachzudenken, ist unsere Intelligenz ein Segen, ansonsten ist sie ein Fluch.

Es gibt das sogenannte Goldfisch-Phänomen. Der Goldfisch ist vom Wasser umgeben und lebt, atmet, frisst und schläft dort. Er war noch nie woanders, und deshalb nimmt er das Wasser gar nicht wahr. Der

Mensch lebt in einer allgegenwärtigen grenzenlosen Schönheit, Vielfalt und Versorgung durch das Leben. Er ist völlig umgeben von der Natur, und deshalb nimmt er sie gar nicht wahr. Erst wenn das Wasser trübe wird, merkt der Goldfisch, dass etwas nicht stimmt, und so ähnlich geht es dem Menschen. Ich (Ulrich) lernte meine Gesundheit erst zu schätzen, als ich dem Tode nahe war, Geld lernte ich zu schätzen, als ich pleite war, und Essen ist für mich sehr wertvoll geworden, seit ich nichts zu essen hatte. Wie der Goldfisch vom Wasser, so ist der Mensch von Segnungen umgeben. Wir sind oft blind für unsere natürlichen Stärken, Begabungen und Fähigkeiten und streben danach, wie andere zu werden, anstatt wir selbst zu sein. Und auch das ist ein altes Huna-Prinzip, zu wissen, dass alles, was wir brauchen, bereits in uns ist. Wir sind gesegnet, und so schrieb der Philosoph Friedrich Nietzsche: »Man muss sich nicht aufs Leben vorbereiten, sondern man muss das Leben leben.«

Freiheit durch Grenzen

Die Erkenntnis der Verbundenheit mit der Schöpfung bringt uns nah an eine Gotteserkenntnis, und während wir das große Werk (O, Hana) als vollständig akzeptieren, erkennen wir plötzlich unsere Grenzen. Wir sind begrenzt in unseren Möglichkeiten und dürfen erkennen, dass wir immer nur Mitschöpfer sind, aber niemals der Schöpfer. Der Tropfen gehört zum Meer, doch der Tropfen ist nicht das Meer. Gäbe es keine Grenzen, wir könnten die Begriffe grenzenlos und Freiheit gar nicht bilden. Gäbe es nur Freiheit in jeglicher Hinsicht, wir wüssten nicht, was das ist, denn wir können alle Erfahrungen nur in der Polarität machen. Ohne ein Oben erkennen wir kein Unten, und ohne Kälte gäbe es keine Erfahrung von Hitze. Es gibt immer Grenzen. Die Grenzen unseres Körpers, die Grenzen zu Nachbars Garten, die Grenzen des Verhaltens, die Grenzen unseres Handelns, die Grenzen der Belastbarkeit. Nur wer diese Grenzen sieht und akzeptiert, weiß, was Freiheit ist.

Der Segen, anderen die Freiheit zu geben

Die größte Freiheit erlangt man erst, wenn man anderen Freiheit gibt. Wir denken, dass die Tiere in Käfigen, Transportwagen und Zoos weglaufen würden, sobald man die Türen öffnete, genauso wie es Menschen in einem ghetto täten. Was sollen wir nun über all jene sagen, die man zum Beispiel zwang und noch immer zwingt, ihre Lebensweise in den Urwäldern aufzugeben und in Reservaten zu leben? Glauben wir wirklich, ein Indio sei gesegnet und in einer Stadt glücklicher als in seinem Wald – umgeben von bunten Vögeln, dem Ruf der Affen und dem Duft der Freiheit? Sogar die verschiedenen Heilpflanzen, wie zum Beispiel die Hagebutte, der Breitwegerich, die Brennnessel und der Löwenzahn sind in den Gärten selten erwünscht – sie sehen dann nicht mehr so perfekt aus. Der Mensch scheint seine Verbindung zur Natur zu verlieren, und man sieht bereits viele Vorgärten, die mit Steinen aus dem Baumarkt zugeschüttet worden sind. Worin besteht denn die Freiheit der Menschen? Wenn wir den Ureinwohnern, den Tieren und Pflanzen keine Freiheit geben, verlieren wir selbst unsere Freiheit und fesseln uns mehr und mehr durch selbsterschaffene Krankheiten, Süchte und Kompensationen der Leere im Herzen. Dennoch liegt der Segen zu unserer eigenen Freiheit in unseren Händen. Das einzige Opfer, das es zu bringen gilt, besteht darin, unsere Bequemlichkeit zu überwinden. Das beste Beispiel dafür ist Mahatma Gandhi, der durch persönliches Vorbild Millionen Menschen inspirierte, ihre Gewohnheiten zu ändern und so die Freiheit zu erlangen.

ÜBUNG

Was kann sich in Ihrem Leben als Segen erweisen, wenn Sie es nicht mehr tun? Gibt es eine Gewohnheit, die Sie gerne abstellen wollen? Welche Produkte, die Sie kaufen, sind kein Segen für die Natur und Menschen in der Dritten Welt, da sie Leid und Umweltschäden verursachen? Schreiben Sie eine Liste und handeln Sie.

Mana – Kraft und Fähigkeiten

Wie jedes hawaiianische Wort, so hat auch Mana viele Bedeutungen. Je nach Zusammenhang kann es mit Energie, Lebenskraft, Weisheit, Fähigkeit, persönlicher Kraft, Autorität, Begabung oder starke Persönlichkeit übersetzt werden. Die Idee dahinter ist, sich jener spirituellen Kraft in unserem Inneren bewusst zu werden, die sich als Stärke, Integrität und Autorität offenbart. Sie zeigt sich in unseren Talenten und in unserer Weisheit. Das Ego wird Ihnen sagen: »Ich mache alles«, und: »Ich habe die Kraft.« Doch im tieferen Sinne kommt alle Energie von einer höheren Macht, der kosmischen Intelligenz, der Urquelle, die viele Gott nennen. Wer Mana besitzt, hat Selbstvertrauen und Vertrauen in das Leben, und damit ist nahezu alles möglich. Mana bekommt man von den Ahnen und Eltern, durch gute Taten, durch Bemühungen und durch Entsagungen, durch Gebete, durch reine und tugendhafte Lebensweise, durch Wahrhaftigkeit und durch positive Absichten. Mana ist jene Form von Lebensenergie, mittels der die Kahunas und die großen Weisen fähig waren, mit ihren Worten zu manifestieren. Wenn man sich für lange Zeit im Gebet und in tiefer Meditation mit der Urquelle verbindet, erlangt man eine strahlende Kraft (Sanskrit: tejas), durch die die Worte, die man spricht, in Erfüllung gehen.

Wie man Mana erhält

Es gibt ein hawaiianisches Ritual, bei dem ein Sterbender sein spezifisches Mana mit dem letzten Ha-Atem einem Familienmitglied in den Mund oder in das Kronen-Chakra einhauchte. Dies geschah mit der Absicht, außerordentliche Fähigkeiten zu übertragen. Der ganze Familien-Clan war zugegen, und man spricht in diesem Zusammenhang von großen Segnungen. Auf diese Weise wurde zum Beispiel die Fähigkeit, einen Stamm zu führen, zu heilen, rituelle Tänze zu tanzen, Kanus zu bauen oder rituelle Chants zu singen, an qualifizierte Schüler und Schülerinnen der Familie weitergegeben. Damit trug der Empfänger auch mehr Verantwortung für das Wohlergehen der Familie. Diese Art von Segen gilt als weitaus größer als jegliches materielle Erbe, da die Weitergabe dieses Manas freiwillig und ungebunden war. Eine zweite Art, Mana weiterzugeben, war, in Gegenwart der Ohana – ähnlich einem letzten Willen – zu sprechen und das materielle Erbe zu verteilen. Dieses Wort ('olelo) war für alle Mitglieder bindend.

Mana, Kraft, ist zum Segnen unerlässlich. Ohne Energie und die göttliche Anbindung bleibt der Segen, auch wenn er ein wohlgemeinter Wunsch ist, dennoch in den Gedanken an Mangel geradezu stecken. Ein Segen ohne Mana kann den Empfänger nicht erreichen, und gleichzeitig kann sich der Segen nicht verwirklichen. Was auch immer Sie beabsichtigen zu tun, Sie brauchen ein Mindestmaß an Mana, Energie. Diese bekommen Sie durch eine dienende Haltung, indem Sie zum Beispiel in den Fußspuren spirituell oder materiell erfolgreicher Menschen gehen, durch Genügsamkeit, Meditation, Verehrung, Gebete, tugendhaftes Handeln, rechte Rede, Integrität und durch Segnungen. Außerdem durch Sonnenlicht, Bewegung und frische Nahrung.

Je mehr wir unsere Fähigkeiten, unsere Talente und unsere Weisheit zum Wohl des Ganzen nutzen, desto mehr Mana wird uns vom Universum zur Verfügung gestellt. Aus hawaiianischer Sicht wird das ursprüngliche Mana von Gott über unsere Vorfahren in einer langen Ahnenreihe bis zu uns weitergegeben. Diese Kette nennt man *Aumakua*, und hierin liegt die wichtige Bedeutung des Mosaischen Gebots: »Du sollst Vater und Mutter ehren, auf dass du lange lebest auf Erden.« Denn der Segen und das Mana der Ahnen sind eine direkte feinstoffliche Lebenskraft.

Wie man Mana verliert

Wenn man diese besondere Auszeichnung nicht richtig nutzte, entehrte oder das Mana gar gegen die Ohana verwendete, kam die Familie zu einem gemeinsamen Gebet zusammen und rief die Ahnen an, das Mana wieder zurückzuholen. In allen Fällen, von denen wir wissen und hörten, wurde die betreffende Person in der Tat wieder schwach und verlor alle ihre Fähigkeiten. Überhaupt besteht die Gefahr, Mana zu verlieren, wenn man große Persönlichkeiten beleidigt. Da die Energie immer von oben nach unten fließt, verhielt man sich immer sehr respektvoll gegenüber den Eltern, den Lehrern, den Stammesältesten, allgemein älteren Menschen gegenüber, und natürlich auch Gott und den Devas gegenüber. Dieses Verhalten garantierte den Segen der Natur, während sogenannte Vergehen zu Problemen führten, die in einem Ho'oponopono berichtigt werden mussten.

Unsere persönliche Kraft, unsere Willenskraft und unsere Lebensenergie geht hauptsächlich durch negative Gedanken über uns selbst und andere verloren. Unsere Gedankenkraft ist ein kostbares Werkzeug. Stellen Sie sich jetzt als Werkzeug einen Hammer vor, um damit Nägel in eine Wand zu klopfen und die schönsten Bilder aufzuhängen. Wenn Sie denselben Hammer jedoch dazu nutzen, um Fenster zu putzen oder sich auf den Kopf zu hauen, ist das geisteskrank. Warum sollte man sich durch seine eigenen Gedanken verletzen? Unser Verstand dient nur dazu, etwas Gutes zu tun und die Welt zu erhalten. Alle negativen Gedanken hingegen kommen aus dem Ego, der Pseudo-Seele. Das ist ein Teil in uns, der glaubt, unabhängig von Gott existieren zu können. Zu diesem negativen Potenzial gehören auch verurteilende Gedanken, wie zum Beispiel Kritiksucht, denn je länger wir uns mit vergleichenden Gedanken beschäftigen, umso stärker werden in uns Zweifel, Unentschlossenheit, und schließlich werden Ängste wach. Jede mentale Schwäche raubt uns körperliche Kraft.

Schuldgefühle

Ob Zweifel, Furcht oder Schuldgefühl, jedes Gefühl ist zunächst richtig und wichtig. Es hat eine Funktion und darf deshalb auch bewusst wahrgenommen werden. Die mahnende Stimme des Gewissens ist wie ein Kompass, der anzeigt, wann wir gegen die göttlichen und universellen Gesetzte handeln. So können wir unser Handeln korrigieren, vergeben und daraus lernen. Wenn wir hingegen unser Verhalten nicht ändern und wider besseren Wissens und Gewissens handeln, erzeugt das große Spannungen und Stress. Menschen, die gegen ihre eigenen Werte handeln, geraten nach und nach unter großen psychischen Druck, der sich in psychosomatischen Beschwerden äußern kann. Viele Menschen geben ungern ihre Fehler zu, und man spricht davon, sein Gesicht zu verlieren. Doch was da Angst hat zu sterben, ist nur das Ego. In Wahrheit wächst man in seinem Charakter, und das Ego wird schrumpfen.

Jeder weiß, dass Rauchen ungesund ist, viel Geld kostet und andere belastet, und trotzdem rauchen Menschen weiter. Auch wenn man sich einredet, man habe ein gutes Gefühl dabei, weiß man doch tief in seinem Herzen, wo man charakterlich steht. Ich (Ulrich) habe selbst einige Jahre geraucht, und schließlich hörte ich eine Aussage, die mich tief erschütterte: »Was ist moralischer, sich schnell oder langsam umzubringen?« Schlagartig wurde mir klar, was ich in der Tiefe meines Herzens über mich empfand, und hörte auf zu rauchen. Das Höhere Selbst, das

Mittlere Selbst und das Untere Selbst sind bei all unseren Handlungen Zeugen, und wenn man gegen den eigenen Körper handelt, hat man Schuldgefühle, die einen schwächen und einem gerade jene Entschlossenheit rauben, die nötig wäre, um von schlechten Gewohnheiten loszulassen. Eine Möglichkeit wäre es, sich die eigene Dummheit bewusst zu machen, sie anzunehmen, sich selbst zu verzeihen, einen Schlussstrich zu ziehen und sich dann das klare Ziel zu setzen, damit aufzuhören. Immer wenn Sie eine gute Absicht haben und die ersten Schritte gehen, bekommen Sie von der Urquelle auch die Energie für die nächsten Schritte. Je mehr wir bereit sind, die Verantwortung zu übernehmen und Entschlossenheit zeigen, umso mehr Kraft wird uns gegeben.

Das Ziel und die Veränderung

Das Ziel von Huna ist, dass wir in unserem Charakter reifen und im Bewusstsein der All-Verbundenheit (Homai ka ike ike papalua e) leben. Das Ziel des Lebens sehen die alten Hawaiianer darin, in Harmonie mit seinen drei Selbsten (Höheres Selbst = Überbewusstsein, Mittleres Selbst = Wachbewusstsein, Unteres Selbst = Unterbewusstsein) zu sein und dem gemeinsamen kosmischen Plan zu folgen. Dieser Plan, seiner natürlichen Begabung zu folgen und ein Segen zu sein, gipfelt in einer persönlichen Beziehung mit der Urquelle, Jehowa, Vishnu, Krishna, Allah, Akua oi'a'io oder welchen Namen Sie auch wählen.

Wenn ich davon ausgehe, dass meine Lebenssituation der Spiegel und das Resultat meiner vorherrschenden Gedanken ist, dann muss ich auch über die Kraft, Mana, verfügen, mein Leben zu verändern.

Drei konkrete Schritte sind hierbei zu tun: (1) Das würdigen und annehmen, was ist, das heißt zu segnen. (2) Die Denkweise ändern, um zu anderen Ergebnissen zu gelangen. (3) Anders handeln als bisher, um tatsächlich andere Ergebnisse zu erzielen. Segnen ist die geistig-spirituelle Komponente, und erst Ihr Handeln bringt Ihre Vision in die Welt. Indem Sie Ihr Leben bewusst in die Hand nehmen, erhalten Sie weitere Kraft, Selbstbewusstsein und Selbstvertrauen – Mana.

Manawa –
Jetzt ist der Zeitpunkt all Ihrer Macht

Dieser Moment, jetzt, da Sie dieses Buch lesen, ist die Segnung, denn alle Kraft liegt in diesem einen Augenblick. Füllen Sie bitte diesen Moment Ihres Lebens mit Präsenz, denn je bewusster Sie sind, umso mehr können Sie agieren. Wenn Sie über einen bedeutenden Teil Ihres Lebens Kontrolle erlangen möchten, dann ist es von Vorteil von »unbewusst« zu »bewusst« zu wechseln, denn wenn Sie unbewusst sind, können Sie nur reagieren. Dr. Diethard Stelzl sagt zum Thema Präsenz: »Je mehr wir in der Vergangenheit oder Zukunft leben, desto weniger Energie haben wir für die Gegenwart.« Nur jetzt, von diesem einen Punkt des Zeitstrahls aus, können wir die Zukunft zum Wohle aller beeinflussen, da wir frei entscheiden können, was wir denken, fühlen und tun wollen. Ja, im Grunde können wir nichts auf den nächsten Morgen oder auf die nächste Woche verschieben, da wir immer gezwungen sind, uns zu entscheiden – und selbst keine Entscheidung zu treffen ist eine Entscheidung. Alles, womit Sie sich in jedem einzelnen Augenblick beschäftigen, beeinflusst Ihre Zukunft.

Wenn man häufig darüber nachdenkt, was in der Vergangenheit geschah, wie unglücklich man war, was nicht gelang oder wie sich andere verhielten, projiziert man die Vergangenheit auf die Gegenwart und erlebt dabei genau all jene unangenehmen Gefühle immer und immer wieder, die man doch vermeiden möchte. So wiederholen Menschen beständig ihre Vergangenheit, entwickeln die gleichen Ängste, die gleiche Wut, den Groll, die Hilflosigkeit und die gleichen Sorgen. Sie berauben sich damit all ihrer Möglichkeiten, in der Gegenwart glücklich zu sein. »Es ginge uns ganz gut, würden wir nicht an die Vergangenheit denken«, mag manch einer denken und wundert sich, warum sich nichts ändert. So verlieren Menschen den Willen, die Entschlossenheit und allgemein die Kraft (Mana) im einzigen Moment, da sie handeln können – jetzt –, und fühlen sich schwach und klein. Jeder Augenblick ist eine Segnung, wenn wir präsent sind. Jeder Augenblick, da wir Verantwortung übernehmen, ist eine Segnung, und sobald wir bereit sind, aus unseren Erfahrungen zu lernen, erhalten wir neue Segnungen.

Hindernisse überwinden

Bei jedem Hindernis können Sie sich fragen, ob jetzt überhaupt der richtige Zeitpunkt ist, sich damit zu beschäftigen. Haben Sie gerade keine Möglichkeit, der Lösung Ihres Problems näher zu kommen, dann denken Sie jetzt nicht weiter darüber nach. Wenn Sie abends im Bett liegen, brauchen Sie keine Probleme mehr zu wälzen, da Sie niemanden anrufen können. Jetzt ist nicht der richtige Zeitpunkt dafür. Lassen Sie los und beten Sie lieber. Lassen Sie Gott sich um die Angelegenheit kümmern, und am nächsten Morgen sind Sie klüger. Lassen Sie das

Thema ebenfalls los, wenn Sie die gegebene Situation tolerieren wollen, weil Sie glauben, es führe sonst zu weiteren Verstrickungen. Beschäftigen Sie all Ihre Intelligenz damit, was Sie in diesem Moment tun können, um die Qualität Ihres Lebens zu verbessern. Das heißt konkret: Konzentrieren Sie sich auf Ihr positives Ziel. Gerade bei wichtigen Angelegenheiten ist es häufig von Vorteil, erstmal keine Entscheidung zu treffen, denn wichtige Entscheidungen erfordern ein gründliches Nachdenken. Nachdenken wird erst dann richtig effektiv, wenn wir alles zu Papier bringen und es so im Kopf loslassen können. Das ist eine hervorragende Methode, denn Sie können das Thema zu einem späteren Zeitpunkt wieder aufnehmen, ohne von vorn beginnen zu müssen. Segnen Sie jede Entscheidung, und lassen Sie in dem Vertrauen, das Beste getan zu haben, los. Bei besonders belastenden Themen können Sie sich die folgende Fragen stellen: Was habe ich damit gewonnen? Habe ich etwas Neues gelernt, wichtige Informationen erhalten oder eine neue Sichtweise erlangt? Bin ich charakterlich gereift, oder habe ich ein neue Fähigkeit erworben? Sobald Sie sich mit dem Vorteil einer Situation und Ihrer positiven Zielvorstellung beschäftigen, senden Sie klare Botschaften an das Universum. Wenn Sie jetzt handeln, nötigenfalls kleine Schritte tun, sind Sie ein guter Empfänger für weitere Segnungen, oder wie der Volksmund sagt: Sich regen bringt Segen.

Segnungen erhalten Sie auf Ihrem Weg, und genau dort werden Sie Menschen mit wichtigen Informationen begegnen und unerwartete Hilfe bekommen. Nach und nach wird dann der Weg klar. Ja, man sagt, der Weg sei das Ziel, doch wenn man sich nicht auf dem Weg zu seinen Zielen befindet, kann man nicht erwarten, sein Ziel auch zu

erreichen. Wenn ich fit sein möchte und eine gute Kondition haben will, meine Freizeit jedoch mit Kuchen und Chips am Computer und vor dem Fernseher verbringe, befinde ich mich nicht auf dem Weg zu einer guten Kondition, sondern auf dem Weg nach Schlappistan. Zu wenig Bewegung und zu wenig Sauerstoff machen schlapp, und hier werden keine Segnungen vom Himmel fallen.
Überlegen Sie sich deshalb immer, was Sie wirklich wollen, und bitten Sie dabei um die Hilfe und die Segnungen der unendlichen Intelligenz im Universum. Vergewissern Sie sich, dass Sie auf dem richtigen Weg sind, und gehen Sie dann Ihren Weg.

Aloha, Liebe und gesegnetes Essen

Wort und Bedeutung

Diesem Wort, *Aloha*, haftet etwas Magisches an, denn sobald wir Aloha sagen, sehen wir Palmen, und unsere Gedanken bringen uns nach Hawaii, dem Land von Aloha.
Alo bedeutet spirituelle Essenz, zusammen sein und teilen, ein Erlebnis teilen.
Oha bedeutet Freude und Zuneigung.
Ha ist der Atem.

Aloha bedeutet:

(1) die gleiche spirituelle Essenz miteinander teilen;
(2) den eigenen Ursprung in der göttlichen, spirituellen Essenz sehen;

(3) das Gefühl und das Handeln (!) in der Verbundenheit mit allen anderen Lebewesen, mit der göttlichen Schöpfung und mit dem göttlichen Ursprung, *Ke Akua oi'a'io*.

Liebe verbindet

Durch Aloha sagen wir: »Ich sehe das Göttliche in dir, und ich sehe das Göttliche in mir.« Wir sind uns dann unserer eigenen ewigen spirituellen Identität bewusst und erkennen die göttliche Präsenz in der Schöpfung an – in der Natur, den Pflanzen und den Tieren. Liebe zeigt sich auch am Grad der Zufriedenheit mit dem Leben im Hier und Jetzt; das heißt glücklich zu sein mit dem, was ist, und das zu tun, was gerade zu tun ist. Unglücklich zu sein ist die Unzufriedenheit mit dem Leben, durch Unsicherheit, Mangel, Schuld, Druck, Zweifel, Erwartungen und Kritik. Unglücklich zu sein ist eine Einstellung zu den Gegebenheiten im Hier und Jetzt, doch diese Einstellung kann man verändern. Genauso, wie man einen Muskel trainiert, können Sie Ihre mentalen Muskeln trainieren. Sie können Ihre Einstellung zum Leben ändern, indem Sie einerseits Zuneigung, Achtung, Anerkennung, Wertschätzung, Bewunderung, Segnen und Dienen üben und andererseits Schuld und Zweifel loslassen. Gott selbst achtet, bewundert und dient. Die alten Hawaiianer sagen, die Urenergie der Urquelle sei *Mana Aloha* – die Energie der Liebe. Aus diesem Mana Aloha entsteht das Licht – *Mana Loa*. Dieses göttliche Licht wird zu Leben – *Mana*. Leben zeigt sich am Grad der Vitalenergie, *Ki,* und je vitaler man ist, umso mehr Willenskraft besitzt man – *Mana Mana*. Wenn Sie also über mangelnde Willenskraft klagen, dann brauchen Sie mehr Vitalenergie durch Spaziergänge, frische Luft, frisches Obst, Gemüse und reines Wasser.

Liebe ist die Essenz allen Seins, und das Unglück, alle negativen Gefühle beruhen auf der Abwesenheit von Liebe. In Liebe sucht man das zu sehen, was verbindet, anstatt das, was trennt. In Liebe strebt man danach, das Leben und die Umwelt zu erhalten, anstatt beides zu zerstören. Es ist wie Licht und Schatten. Liebe erzeugt Licht, alles ist hell, freundlich, voller Wissen, voller Glanz, Respekt und Anerkennung, während im Schatten boshafte Kritik, Angst, Ungeduld, Nörgeln und Verurteilung wohnen. Alles Unglück, jedes Beziehungsproblem und jedweder Stress hat deshalb seine Ursache in der Verletzung des Gesetzes der Liebe, oder wie Florence Scovel Shinn es formulierte: »Das Wurfholz des Hasses, des Grolls und des Nörgelns kehrt mit Leid und mit Krankheit beladen zu den Menschen zurück. Begrüßen Sie die Göttlichkeit und geben Sie ihr Ihre Liebe. Segnen Sie das Göttliche. Der Mensch ist im göttlichen Geiste eine vollkommene Idee und deshalb gerade an seinem richtigen Platz.«

Liebe als spirituelle Identität

Wir entstammen einer kosmischen Urquelle, die wir nicht messen und verstehen können, und deshalb sagen manche Menschen, wir kommen aus dem Nichts. So wie eine Ameise einfach keinen Elefanten wahrnehmen kann, sondern hier und da den Krater seines Fußabdrucks zu überwinden hat, so bleibt auch das kosmische Selbst uns Menschen verborgen. Auch die Liebe kann man nicht messen, sondern wir sehen nur ihre Wirkung, wenn wir uns zum Beispiel freuen, ein Baby willkommen heißen, eine Geburtstagskarte, einen Brief, einen lieben Anruf erhalten oder ein gemeinsames Essen mit lieben Menschen erleben. In diesem Nichts, dem spirituellen Existenzraum, der alles beinhaltet

und deshalb nicht in seiner Komplexität erkannt werden kann, ist alles persönlich, ewig, glücklich und immer voller Erkenntnisse. All das ist auch unsere Natur, und wie Schiffbrüchige, die sich nach ihrer Heimat sehnen, so sehnen wir uns danach, alles zu wissen, ewig jung zu bleiben, immer glücklich zu sein und unsere Identität zu bewahren.
Alle Produkte, die wir produzieren, zielen darauf ab, uns Wissen zu geben, uns jung zu halten, glücklich zu machen und unsere Individualität zu zeigen.

Beziehungen

Alle Menschen sehnen sich nach Nähe und Geborgenheit, weil es einfach unsere Natur ist, liebevolle Beziehungen zu haben – wir wollen die Verbundenheit wahrnehmen. Mit unserer Seele sind wir zwar auch mit dem Ursprung der Liebe verbunden, doch das Ego, die Pseudo-Seele wirft ihren Schatten. Wir sind spirituelle Wesen, die eine materielle Erfahrung machen. Wenn das Ego unser Denken regiert, werden wir andere aussperren, ablehnen, nicht mögen und verurteilen. Diese Pseudo-Identität lässt uns vergessen, dass wir einen gemeinsamen, spirituellen Ursprung haben. Verbundenheit wächst in dem Maße, in dem wir Kritik, Angst, Wut und Schuld ausgeräumt haben.
Einer der Hauptaspekte des Egos ist, ständig trennen zu wollen, und man findet dieses Bestreben auf allen Ebenen zwischenmenschlichen Daseins. Menschen mit guten Absichten werden kritisiert, Menschen mit anderer Hautfarbe ängstlich beäugt und uns fremde Religionen abgelehnt. Die Natur wird zerlegt, gesäubert und raffiniert wie beim weißen Zucker und weißen Mehl. Wir sind davon überzeugt, dass, je weniger wir die Geschenke der Natur verändern, verarbeiten und

umwandeln, sie umso gesünder sind für den Körper, den Geist und die Seele. Je natürlicher die Verpackung, die Kleider, das Baumaterial, die Lebensmittel und die Reinigungsmittel sind, umso besser wirkt sich das auf unsere Gesundheit und die Umwelt aus. Wir glauben, es ist unnötig, zum Beispiel eine neue Art von Weizen zu kreieren, der die Gluten-Unverträglichkeit fördert, während der alte Urdinkel doch perfekt ist.

Aloha bedeutet zu erkennen, dass in der spirituellen Realität, dem Ursprung aller Existenz, alles in Liebe miteinander verbunden ist. Allerdings ist die materielle Erfahrung so intensiv, dass die meisten Menschen ihre spirituelle Identität völlig vergessen haben. So gilt es, sich im Evolutionsprozess (loli'ana) des Bewusstseins wieder an unsere Herkunft zu erinnern. Ebenso wie die Kulturen Asiens taten dies die Hawaiianer, indem sie alle Tätigkeiten dem Leben und der Urquelle weihten, und sich so in bedingungsloser Liebe übten.

Der erste Schritt dahin ist, die Situationen des Lebens, seien sie gut oder schlecht, als etwas anzunehmen, was man verdient hat. Wie bei einer Erbschaft akzeptiert man auch die Schulden und übernimmt zu hundert Prozent die Verantwortung dafür. Man respektiert die Geschichte der Ahnen, selbst wenn sie große Fehler gemacht haben, man vergibt, segnet und lernt daraus. Des Weiteren erkennen spirituell fortgeschrittene Menschen nicht nur die Tiere und Pflanzen, sondern alles als lebendig an. Alles ist von Liebe, Licht und Leben durchdrungen, auch Steine oder Berge, die sich sehr, sehr langsam bewegen, oder Flüsse und Wolken, die sich sehr schnell bewegen. Bewegung ist ein Zeichen, dass sich dahinter eine Wesenheit des Lebens verbirgt, weshalb in den alten Kulturen auch Berge und Flüsse verehrt wurden. Weil alles beseelt ist, waren die Menschen in früheren Zeiten allem gegenüber respektvoll und verehrten die große Mutter und ihre Vertreterinnen, wie zum Beispiel Pele, Lono, Kane, Freya, Vulla, Durga, Uma. Auf Bali stehen auf vielen Reisfeldern Figuren von Shri Lakshmi Devi, der Glücksgöttin, die man verehrt, da sie die Ernte gewährt. Sie können das in etwa damit vergleichen, als gingen Sie in einen kleinen Bioladen, wo die Ladenbesitzerin Ihnen das Gemüse gibt. Sie gehen also nicht direkt zum Erzeuger. Genauso ist alles im Universum geregelt. Gute Beziehungen in Liebe bedeuten eben einen Ausgleich in rechtem Geben und Nehmen.

Gesegnetes Essen verbesserte meine Gesundheit

Segnen ist eine grundlegende spirituelle Tätigkeit, da der Segnende, der Gesegnete und die Segnung (der gute Wunsch) direkt mit der spirituellen Energie verbunden sind. In meiner (Ulrich) Jugend wurde vor dem Essen gebetet, und in allen Häusern hing ein Kreuz. In den alten Häusern des Schwarzwaldes zum Beispiel gab es den Herrgottswinkel, eine nach Südosten ausgerichtete Altarecke mit Kreuz, Statuen und frischen Blumen. Dies war ein Ort der Besinnung, und man konnte dort Kraft schöpfen für den Alltag. Wir möchten Ihnen empfehlen, sich ebenfalls solch einen spirituellen Bereich in Ihrer Wohnung einzurichten. Statt einmal im Jahr können Sie jeden Tag Erntedank feiern, da Ihr ganzes Leben ein einziges Säen und Ernten ist. Auf diese Weise wird Ihr Leben spirituell ausgerichtet, und Ihr Bewusstsein wird sich wie das der Meister erweitern. Bei allem, was wir tun, können wir fragen, ob wir Gott, das Leben und alle anderen damit erfreuen. Man sagt, der Körper sei der Tempel Gottes, und so können wir auch unsere Wohnung als ein Haus Gottes betrachten. In diesem Bewusstsein können wir unser Heim schmücken, sauber halten und einen Altar errichten, auf dem wir Blumen, Wasser, Licht und Essen darbringen. Indem wir das Beste kochen, einkaufen, die schönsten Blumen im Garten pflanzen und das erste Obst und Gemüse zum Dank darbringen, dass wir mit allem versorgt werden, vertiefen wir unsere persönliche Beziehung zur Urquelle.

In der Hawaiianischen Kultur wurde in jedem Haushalt auf einem Altar der Gott der Vorväter, *Aumakua,* verehrt. Bei vielen Gelegenheiten wurde für Aumakua gekocht, und das war dann auch der beste Grund, um mit der ganzen Familie zusammenzukommen. In Mary Kawena Pukuis Aufzeichnungen finden wir gerade das als die Essenz von Aloha: für Gott und die Vorfahren zusammen zu kochen, das Essen darzubringen, zu segnen, zu tanzen, gemeinsam beim Essen zu feiern und im Geiste von Aloha zufrieden zu sein. Für Gott und die Ahnen zu kochen galt als ein besonderer Akt der Liebe, weshalb man zum Beispiel nicht verstehen konnte, warum man im christlichen Glauben aufgefordert war, bei verschiedenen Gelegenheiten zu fasten. Im Gegenteil – gerade um die Gottheit zu versöhnen, müsse man doch etwas Liebevolles tun, und was gibt es Besseres, als etwas Schmackhaftes mit Liebe zu kochen?

Diese Tradition ist immer noch in vielen Kulturen erhalten. In Hindu-Familien kocht man noch heute für Gott, bringt die Mahlzeit auf einem kleinen Altar mit Gebeten dar und isst sie dann als sogenanntes *Prasadam* (Barmherzigkeit). »Wenn du mir in Liebe ein Blatt, eine Blume, eine Frucht oder etwas Wasser darbringst, so werde ich es in Liebe annehmen«, spricht Gott Krishna zu seinem Schüler Arjuna in der Bhagavad

Gita (9.26), einem der größten Weisheitsbücher der Weltliteratur, das von allen Philosophen und Religionswissenschaftlern hoch geschätzt wird. Menschen scheinen nie etwas gegessen zu haben, ohne es zuvor zu segnen und zu weihen. Seit Mitte der 1980er Jahre sind wir Vegetarier, und ebenso lange folgen wir der Tradition, alles, was wir kochen, zu segnen. Nachdem ich (Andrea) damit angefangen hatte, verbesserte sich meine Gesundheit in jeder Hinsicht, da ich körperlich und geistig viel klarer wurde. Ich konnte nun wesentlich leichter auf Ungesundes verzichten, weil ich in einer feineren Geisteshaltung kochte, bessere Zutaten benutzte und durch Mudras (energetisierende Handhaltungen) und Mantras bei der Darbringung das Essen von allen negativen Energien durch Lagerung und Transport reinigte.

Viele Seminarteilnehmer haben diese Tatsache auch bei sich festgestellt, wenn wir bei unseren Wanderseminaren zusammen ayurvedisch gekocht haben und das gesegnete Festmahl im Aloha-Spirit zusammen genossen haben. Jeder konnte wahrnehmen, dass dieses Essen eine bessere Qualität hatte, weil es zu einer positiven Geisteshaltung und zu mehr Freude beitrug. Allgemein ist ja bekannt, dass das Bewusstsein der Köchin oder des Kochs im Essen gegenwärtig ist, und deshalb schmeckt es bei der Mutter meistens am besten – sie kocht mit Liebe für uns.

Essen symbolisiert die Verbundenheit aller Menschen mit der Natur und mit Gott. Dieses gemeinsame Essen im Geiste von Aloha ist auch der letzte Teil eines Ho'oponopono, eines Heilungsprozesses, bei dem sich die Familienmitglieder auf der Seelenebene begegnen. »Aloha! Das Göttliche in mir grüßt das Göttliche in dir. Bisher war es schwer, weil wir nur unsere Egos sahen. Wir haben nur das gesehen, was uns trennte. Jetzt sehen wir, was uns vereint. Ich segne dich von ganzem Herzen, Aloha.«

Achtsamkeit

Wenn wir achtsam für die Bedürfnisse unserer spirituellen Geschwister, die Pflanzen und Tiere, sind und nichts aus der großen Ohana, dem Ökosystem, ausschließen, sind wir in Liebe mit Gott verbunden. Wir haben dann die Kraft, unser Leben in Liebe zu meistern. Jeder Mensch hat die Fähigkeit, Mitgefühl zu entwickeln und das Göttliche in anderen zu erkennen. Gleich welcher Weg gewählt wurde – selbst Menschen, die noch die Umwelt zerstören, möchten nur glücklich sein und Liebe erfahren. Ihr Ziel mag positiv sein, doch die Wege, die man einschlug, stehen nicht mit den göttlichen und universellen Gesetzen im Einklang – und deshalb kommt man nicht ans Ziel. Viele Wege wurden oft aus Angst gewählt, aus Verletzungen heraus, aus negativen Gefühlen, aus Unwissenheit, aber auch aus Bequemlichkeit, mangelndem Mitgefühl und Verständnis. Jeder kann nur das geben, was er in sich trägt – nicht mehr. Wir bitten Sie deshalb, die Liebe, das Gute, das Schöne, das Klare, das Erhabene und die Vielfalt zu geben. Wir bitten Sie, all das zu nähren und zu geben, was Sie sich selbst wünschen – Aloha.

ÜBUNG

Richten Sie sich einen kleinen Altar, eine Gebets- oder eine Meditationsecke ein. Dazu ist ein kleiner Tisch geeignet, mit Bildern, einer Kerze und Blumen, wo Sie Ihr Essen als Dank der Urquelle, Gott, Jesus, Buddha oder Krishna weihen. Sprechen Sie ein Dankgebet für alle Zutaten, welche Ihnen zur Verfügung gestellt wurden.

Pono – Güte und die Kraft richtigen Denkens und Handelns

Das hawaiianische Wort Pono wird mit »richtig«, »flexibel« und mit »Güte« übersetzt. Seine innere Bedeutung im Huna lautet: »Die Wirksamkeit ist das Maß der Wahrheit.«

Ein vernünftiger Weg, um zu Ergebnissen zu kommen, ist sicherlich derjenige, bei dem wir uns (1) am wenigsten anstrengen müssen, (2) in kürzester Zeit unser Ziel erreichen und (3) niemandem schaden. Jeder möchte schnell gesund werden, bald in den Urlaub fahren, noch rasch einkaufen, schnell wieder glücklich sein usw. Wir nennen das den kürzesten oder den direkten Weg, selbst wenn es nötig ist, mal flexibel zu sein und an einer Ampel zu warten bzw. wegen einer Baustelle der Umleitung zu folgen. Erst wenn unsere Strategie, ans Ziel zu gelangen, uns oder anderen schadet, ist dieser Weg sicherlich kein guter Weg. Eine Straße, die zu Leid führt, ist faktisch ein Irrtum, und um weiteres Leid zu vermeiden, gehen Menschen auch zum Arzt oder Therapeuten, trinken keinen Alkohol mehr, werden Veganer, wechseln den Arbeitsplatz oder reichen die Scheidung ein.

Pono (flexibel) bedeutet, dass es nicht nur einen einzigen Weg zum Ziel gibt, und selbst dann, wenn wir eine hervorragende Möglichkeit, unsere Ziele zu erreichen, gefunden haben, ist unsere Strategie nicht unbedingt für alle geeignet. Aus der Sicht des Ayurveda ist zum Beispiel das gleiche gesunde Essen nicht für jeden Konstitutions-Typ förderlich. Gerade in Bezug auf die Ernährung gibt es unterschiedliche kulturell und umweltbedingte Gewohnheiten. So ist es sicherlich intelligent, jene Menschen zu studieren, die am längsten lebten, wie zum Beispiel die Neurochirurgin Gilana Schatalova (Autorin von »Wir fressen uns zu Tode«), den Asketen Prinz Krishna Singh von Patiala (1770 – 1955!) oder den japanischen Arzt und Zen-Meister Nabuo Shioya (1902 – 2008). Sein Jungbrunnen bestand neben einer Diät aus den beiden Zutaten »rechtes Denken« und »rechtes Atmen«, und darüber lachten natürlich einige Kollegen. Der Zen-Meister lächelte ebenfalls und sagte: »Als ich sechzig war, haben noch viele gelacht, als ich achtzig wurde, lebten nur noch wenige meiner Kritiker, und als ich hundert wurde, waren sie wohl alle tot.« Das ist Pono – die Wirksamkeit ist das Maß der Wahrheit.

Jede Kultur und jeder einzelne Mensch haben ganz eigene Methoden entwickelt, um zu wichtigen Erkenntnissen des Lebens zu gelangen und glücklich zu leben. Etwas ist pono, also richtig, wenn der Mensch mit seiner Sichtweise und seinem Handeln zurechtkommt, glücklich und gesund ist, seinen spirituellen Ursprung wahrnimmt und sich mit der Urquelle und der Schöpfung verbunden fühlt. Etwas ist pono, richtig, wenn eine Methode Vertrauen ins Leben schenkt, und da jeder Mensch und jede Kultur diesbezüglich ein individuelles Empfinden hat, ist es wichtig, flexibel, pono, zu sein, denn ike, die Welt, ist subjektiv.

Wenn etwas nicht funktioniert, ist es intelligent, bei jenen Menschen nachzuschauen, bei denen es funktioniert, denn wer will schon das Rad neu erfinden? Wenn jemandem Akupunktur hilft, ist es wirksam und deshalb für ihn richtig. Wenn bei jemandem eine Resonanztherapie erfolgreich war, dann funktioniert das ebenfalls, und falls eine Therapie individuell nicht anschlägt, dann gibt es noch viele andere Heilmethoden, die anderen Menschen geholfen haben. Irgendjemand hat sicher eine Lösung.

Möglichkeiten suchen und Möglichkeiten finden

Oft hört man Menschen sagen: »Das ist unmöglich«, oder: »Es gibt nur diesen einzigen Weg.« Mit dieser Überzeugung schränken wir uns ein und verschließen die Türen zu bisher noch unbekannten Gelegenheiten. Sollten wir gerade keine Lösung sehen, heißt das nicht, dass es tatsächlich keine gibt. Vielen Menschen wurden unheilbare Krankheiten diagnostiziert, wie zum Beispiel dem fünfjährigen Lorenzo Odone, dem wohl bekanntesten ALD-Patient. Die konsultierten Ärzte prognostizierten noch zwei Jahre Lebenserwartung und empfahlen dem Vater, seinem Sohn die restliche Zeit angenehm zu gestalten. Doch sein

Vater, selbst kein Mediziner, gab nicht auf und entdeckte bald darauf ein Öl, durch dessen Einnahme sein Sohn geheilt wurde.
Ähnlich erging es Dr. Ben Johnson, der an dem Lou-Gehrig-Syndrom litt, und Dr. Alex Loyd, der im Flugzeug plötzlich eine Eingebung hatte und mit dem sogenannten Healing-Code seiner seit Jahren an Depressionen leidenden Frau und mittlerweile vielen anderen Menschen helfen konnte. Diese Liste der Heilung unheilbarer Krankheiten ließe sich beliebig weiterführen, und irgendwann und irgendwo gelangen wir dann zu den bekannten Placebos, die selbst Krebspatienten halfen, dem Heilwasser aus Lourdes, den Geistheilern usw. Es scheint, als gäbe es keine Patentlösungen, dafür jedoch viele Wege.
Als Mediziner muss man flexibel sein und als Partner erst recht. Als Eltern, Lehrer und im Geschäftsleben muss man sehr anpassungsfähig bleiben. Ohne diese Anpassungsfähigkeit gäbe es keine Entwicklung und keine guten Beziehungen. Bäume, Grashalme, Schilfrohre und Bambus sind biegsam. Wer also hoch hinaus will, muss flexibel bleiben. Wenn man mit Bestimmtheit sagt, etwas sei unmöglich, dann glaubt das Untere Selbst, unsere Erwartungen erfüllen zu müssen. Ja, das Unterbewusstsein scheint geradezu an die Aussagen des Mittleren Selbst gebunden zu sein und kann uns dann zu keiner Lösung führen. Wir müssen uns weiter öffnen, als es unser heutiges Wissen zulässt, und bereit sein, Neues zu empfangen. Weil wir uns in den Fluss des Lebens begeben, können uns die Segnungen dann einfach zufließen, wie auch die folgende Geschichte erzählt.

Die Segnung eines Fremden

In einer französischen Legende wird von einem sehr armen Mann berichtet, der mit seiner wenigen Habe auf der Straße saß. Eines Tages wurde er von einem gut gekleideten, scheinbar reichen Mann angesprochen: »Guter Mann, ich beobachte Sie schon seit einigen Tagen, und ich glaube, in Ihnen steckt mehr als nur einer, der seine Zeit und sein Leben vergeudet. Ich sehe in Ihnen eine Kraft und Entschlossenheit, die nur darauf wartet, sich zu offenbaren. Hier, ich habe diesen kleinen Klumpen Gold. Ich besitze reichlich Vermögen und investiere gerne in Menschen, die noch etwas aus sich machen wollen. Nehmen Sie das und gehen Sie Ihren Weg.« Mit diesen Worten überreichte der Fremde dem Mann auf der Straße das Gold und ging. Sofort spürte der Mann eine besondere Kraft in sich, packte seine Sachen und suchte sich Arbeit. Nach wenigen Jahren hatte er es weit gebracht und war ein wohlhabender Mann geworden. Eines Tages sah er einen armen Mann mit all seiner Habe auf einer Straße sitzen, und nachdem er ihn beobachtet hatte, sprach er ihn an: »Guter Mann, ich sehe, dass in Ihnen noch Kraft ist. Einst saß ich so wie Sie hier, und ein Fremder, der noch Vertrauen in mich hatte, gab mir dieses Stück Gold. Seine Worte waren eine große Segnung für mich, denn ich machte mich auf, etwas aus mir und meinem Leben zu machen. Ich glaube, auch Sie können das schaffen. Nutzen Sie Ihre Zeit, denn in Ihnen ist das Leben. Hier ist das Gold, das ich einst bekam, gehen Sie Ihren Weg.« Der Mann auf der Straße nahm das Gold, bedankte sich, doch so ganz konnte er dem Fremden nicht glauben. Warum sollte jemand Gold verschenken? So ging er statt seines Weges zum nächsten Juwelier, um den Wert schätzen zu lassen. Dort stellte sich heraus, dass es sich statt um Gold um etwas Blei mit Kupfer handelte, und so ging der Mann nicht seines Weges, sondern den Pfad der anderen Bettler.

Wie in dieser Geschichte ist es wohl nicht die materielle Armut, die uns Menschen – zumindest in unseren Breitengraden – zu schaffen macht, sondern unsere geistige Armut. Manche Menschen neigen dazu, jenes, was sie nicht kennen, zuerst zu beurteilen und dann abzulehnen. Sie vergleichen das Unbekannte mit dem Bekannten, und da es ja keine Referenz-Erfahrungen für das Neue gibt, wird es abgelehnt. So besteht die Gefahr, in einer immer enger werdenden, kleinen Welt zu leben, in der es dann tatsächlich nur noch wenige Lösungen gibt. Unbekanntes zu akzeptieren heißt, die Komfortzone zu verlassen und sich in eine ungewisse Zukunft aufzumachen. Nun, die Zukunft ist immer unbekannt, und so spielt möglicherweise neben der Unsicherheit, die ausgetretenen Pfade zu verlassen, auch etwas Bequemlichkeit mit. Aber halt, Faulheit und Bequemlichkeit sind keine Schande, sondern ganz normales menschliches Verhalten, oder gehen Sie freiwillig zum übernächsten Bankautomaten?

Segnungen durch Gnade

Wenn es ein Problem oder einen Konflikt gibt, kommt man in einem Ho'oponopono zusammen. In diesem Begriff erscheint das Wort Pono gleich zweimal, denn man muss sehr flexibel sein, da es nicht nur eine Wahrheit gibt, sondern alle am Konflikt Beteiligten ihre subjektiven Wahrheiten haben. Um vom Konflikt zur Lösung zu gelangen, fragt man sich: (1) Was sind die Tatsachen, und (2) was ist unser gemeinsames Ziel? Wenn sich eine Methode bewährt hat – egal in welcher

Kultur oder in welchem Zeitalter –, lohnt es sich sicher, genauer hinzuschauen. Probieren geht schließlich über Studieren, und nur so kann man feststellen, ob und wie etwas funktioniert. Jede Information kann ein Segen sein. Wenn wir eine höhere Kraft, höhere Intelligenz oder Gnade (noho aloha) miteinbeziehen, werden wir weitere Segnungen in Form von Intuition und höherer Führung bekommen. Wenn wir die Biografien der großen Erfinder lesen, erfahren wir, wie diese häufig an eine höhere Macht glaubten, die sie das Überbewusstsein, das kollektive Unterbewusstsein oder die unendliche Intelligenz nannten. Bei all diesen Begriffen geht es um kein religiöses Phänomen, sondern um eine geistige Kraft, von der wir Informationen erhalten. Viele großartige Entdeckungen wurden zum Beispiel geträumt. Die wichtigsten Werkzeuge sind deshalb Ihr Denken und Ihr Vertrauen, dass es eine Möglichkeit gibt, denn nur weil wir diese noch nicht entdeckt haben, bedeutet das nicht, dass sie nicht existiert. Reinhold Messner gilt als der erfolgreichste Bergsteiger, doch er selbst sagt von sich, dass er der am erfolgreichsten gescheiterte Bergwanderer ist. Niemand musste so oft wie er, wenn auch zunächst nur für den Moment, aufgeben und eine neue Route finden, die ihn dann zum Ziel führte. Zuerst müssen wir uns immer über unsere Ziele klar werden, die Schritte planen, ihnen folgen und auf dem Weg flexibel bleiben. Konzentration, Entschlossenheit und Disziplin sind dabei wichtige Zutaten. Geführt zu sein und durch die Gnade belohnt zu werden ist allerdings nur möglich, wenn wir schon jetzt nach unserem besten Wissen handeln.

DIE GEISTIGEN GESETZE: DER KOSMOS IST HARMONIE

Kūkulu Kumuhana ist der tiefe, zielgerichtete Wunsch nach Harmonie und Glück für alle Beteiligten. Dieser Segen ist das freie Geben ohne Erwartungen im Einklang mit dem Kosmos. Das Wort Kosmos ist altgriechisch und bedeutet Ordnung. Jede kleine oder große Ohana, jede Gemeinschaft, jede Firma ist ein Mikrokosmos, in welchem die Mitglieder nach Harmonie und Ordnung anstelle von Chaos und Unfrieden streben. Innerer Frieden ist die natürliche Voraussetzung für Glück und Gesundheit, und genauso wie es in der Schule oder in einem Unternehmen Regeln gibt, so herrschen auch im großen Universum, dem Megalo-Kosmos, klare Prinzipien und Gesetze. Dieses Reglement von Materie und Energie versuchen die Naturwissenschaften in ihren Disziplinen wie zum Beispiel der Astrophysik, der Chemie, der Mathematik oder der Quantenphysik zu entschlüsseln. Den Gegenstand dieser Forschungen bildete seit den Erkenntnissen des Naturphilosophen Isaac Newton (1642–1726) primär die Materie, während die Geisteswissenschaften wie die Metaphysik, die Philosophie und die Mysterienschulen die Kräfte des Geistes zu erforschen suchten. Zwischen diesen beiden Polen, unsere Welt der Phänomene zu erklären, findet nun glücklicherweise in den letzten Jahren wieder eine Annäherung statt, da die Wirkkräfte des Geistigen zwar selten reproduzierbar, doch offensichtlich und messbar sind. Als vermittelnde Wissenschaften stehen dafür die Erkenntnisse der Neurobiologie, der Quantenphysik, der Medizin, der Verhaltensforschung, der Sozialpsychologie und viele weitere Forschungsgebiete Pate. Um also zu verstehen, wie und warum das Segnen als geistig-spirituelle Kraft wirkt, lenken wir nun unseren Blick auf das Geistige und die sogenannten geistigen Gesetze und Prinzipien.

Das geistige Prinzip von Ursache und Wirkung

In unserem Leben geschieht nichts zufällig, das heißt ohne Ursache. Selbst wenn wir die direkten Gründe nicht sehen können, so löste doch stets irgendetwas ein jegliches Ereignis aus. Für alles gibt es eine Quelle und einen Grund – für die Kündigung, den Stau, die Geburt eines Kindes, den Hunger in der Dritten Welt, das Rauschen der Blätter, das Entstehen einer Wolke, den Duft einer Blume und den Geschmack im Wasser. Auf das Gesetz von Ursache und Wirkung berufen sich die Physik, die Biologie, die Medizin, unsere Technik, die Wirtschaftswissenschaften und auch die Landwirtschaft – sämtliche Wissenschaften. Es ist das Urprinzip der Chemie, wenn Substanzen und Verbindungen miteinander reagieren. Wenn Sie eine Gitarrensaite anschlagen, wird ein Ton erzeugt. Der Amboss in Ihrem Mittelohr, Ihr Trommelfell und Ihr Gehirn werden reagieren, und schließlich werden Sie den Klang als harmonisch oder als unangenehm empfinden. Die Welt wirkt auf unser Denken, auf unsere Empfindungen und auf unseren Hormonhaushalt – doch gilt das auch für den umgekehrten Fall? Hat das Geistige, haben unsere Gedanken, unsere Gefühle und unsere

Überzeugungen einen Einfluss auf die äußere Welt? Sicherlich, und die Beweise füllen ganze Bibliotheken.

Alles, was Sie in Ihrer persönlichen Umgebung wahrnehmen, Ihre Wohnung, Ihre Einrichtung, Ihre Kleidung und so weiter, existierte grundsätzlich zunächst als reine Idee, als Gedanke und geistiges Bild in Ihnen oder in jemand anderem. Wenn Sie ein Geschäft aufbauen wollen, schreiben Sie zunächst einen Geschäftsplan und entwickeln mit Ihrem Verstand eine Strategie. Wenn Sie ein Haus bauen, existiert dieses Haus zunächst in Ihren Gedanken, bevor es in einer Blaupause auf Papier gebracht wird. Die Ideen der Menschen erhellen die Welt oder verdunkeln den Himmel.

Der kleinste Gedanke in diesem kreativen Prozess von der geistigen Ursache zur stofflichen Wirkung ist der Wunsch bzw. die Absicht. Ihre Wünsche bestimmen Ihre Gedanken, und Ihre vorherrschenden Gedanken bestimmen schließlich Ihre Entscheidungen. Alle Entscheidungen, die Sie treffen und in die Tat umsetzen, werden unaufhaltsam Früchte tragen, denn alles, was Sie tun, und auch, was Sie nicht tun, hat Konsequenzen. Ob Sie sich selbst mögen oder verurteilen – es hat Konsequenzen. Ob Sie eine Gewohnheit beibehalten oder abstellen, hat Konsequenzen. Dieses Gesetz von Ursache und Wirkung ist das geistige Gesetz der Konsequenzen, und die wichtigste Ursache in Ihrem Leben sind Ihre Wünsche. Dem Ayurveda (nach der WHO ist er die Mutter der Medizin) zufolge entspringen unsere Wünsche einem noch feineren Bereich als dem geistigen Gedankenfeld, nämlich dem reinen Spirit, der Seele. Von dort aus gelangen die Wünsche in das Ego und nehmen sozusagen die Färbung des Egos an. Der reine Wunsch, der Welt zu dienen, sah bei Mozart eben anders aus als bei Dschingis

Khan. Der Wunsch dieser beiden Männer ist der gleiche gewesen, doch durch das Ego gefärbt erfährt er jeweils einen anderen Ausdruck. Weil die Wünsche aus dem feinsten Raum der Existenz, der Seele, geboren werden, besitzen sie auch die größte Kraft und wirken intensiv auf das Gedankenfeld und das Stoffliche. Wenn wir also eine wirklich freudvolle, glückliche, harmonische, liebevolle, reiche Zukunft kreieren möchten, gilt es, unsere Herzen, unsere Motivation und Absichten zu reinigen. Unsere Wünsche sind eng mit unseren Werten im Leben verknüpft. Tugendhafte Wünsche und Werte erhalten unser Leben, sie heilen und fördern, während sogenannte unreine Wünsche, also Motive der Hinterlist, der Gier, des Hasses und der Eifersucht immer zu Leid führen. Es ist eben ein Unterschied, ob jemand den Wunsch hat, gesund zu sein, und sich deshalb fit hält oder ob ein anderer den Wunsch hat, nur zu vergessen, und deshalb trinkt. Unsere Wünsche gehen Hand in Hand mit unseren Werten, denn wir wünschen uns nur, was wir auch als wertvoll betrachten. Wer also das Leben als wertvoll erachtet, hat auch den Wunsch, das Leben zu bewahren. Vom Nutzen, den eigenen Werten treu zu bleiben und das Gute zu tun, erzählt die folgende Geschichte.

Der Bär, der Tiger und der Jäger

Einst bahnte sich ein Jäger seinen Weg durch das dichte Grün des Dschungels, als er sich plötzlich dem König des Waldes, einem mächtigen Tiger, gegenübersah. In wilder Flucht, schon den heißen Atem hinter sich spürend, kletterte der Jäger rasch auf den nächsten großen Baum – weit hinauf, um der Reichweite der scharfen Krallen zu entrinnen.

Hoch oben in diese Krone hatte sich auch ein Bär zurückgezogen, um dort zu meditieren. Der Tiger rief ihm zu: »He, Gevatter Bär. Sieh nur unseren gemeinsamen Feind. Hunderte unschuldiger Tiere hat er getötet. Die Köpfe und Felle unserer Verwandten schmücken sein Haus, und er brüstet sich als Krone der Schöpfung. Los, wirf ihn herab. Ich bin hungrig und will ihm seinen verdienten Lohn geben.« Darauf sprach der Bär: »Lieber Tiger, dieser Jäger hat in meinem Hause Zuflucht gesucht. Einen Hilfesuchenden auszuliefern ist ein Unrecht. Ja, auch wenn dieser Mann aus Gier und Habsucht handelte, so ziemt es sich doch nicht für ein Wesen von höherer Intelligenz, einen Schwachen und Bedrängten dem Tode zu weihen.«

Da sprach der Tiger zu dem Jäger: »He, Jäger, wie du hörst, wird der Bär dir nichts tun. Los, wirf ihn herab. Ich bin hungrig, und nachdem ich ihn gefressen habe, kannst du getrost weiterziehen. Das verspreche ich bei meiner Königsehre.«

Da gab der Jäger dem Bären einen kräftigen Tritt, damit dieser aus dem Baume fiele. Der Bär jedoch konnte noch rasch einen anderen Ast ergreifen und sich retten. Darauf hob der Tiger wieder an: »He Bär, da siehst du die abscheuliche Gesinnung des Menschen. Er betrachtet uns Tiere als niedrige Wesen und ist sich nur selbst der Nächste. Er verleumdet unsere große Mutter und seine eigene Herkunft. Er ist der Feind aller Lebewesen. Jetzt, da er dich töten wollte, kannst du ihn mir getrost übergeben.«

Darauf sprach der Bär: »Noch nie habe ich gehört, dass Rache einem Wesen nützlich wäre. Vielmehr tötete dieses Gift auch immer seinen Wirt. Unrecht mit Unrecht zu vergelten ist eine große Sünde, und ein Wesen mit höherer Intelligenz lädt niemals solche Sünde auf sich. Ich will und werde meine Werte, nach der Wahrheit zu streben, nicht aufgeben. Selbst wenn jemand gemein und hinterlistig handelte, so ziemt es sich für kein Wesen, sich zu erniedrigen. Nur der Schwache gibt leichtfertig seine Werte auf.«

Weil Gedanken die Ursache und unsere Lebensumstände eine Folge daraus sind, bewegen sich unser Leben und die Welt beständig in die Richtung unserer Wünsche und unserer primären Gedanken. Alle spirituellen und metaphysischen Texte sprechen davon, dass wir letztlich zu dem werden, woran wir die meiste Zeit denken. Das, woran Sie die meiste Zeit denken, wird sich in Ihrem Leben manifestieren, und wenn Sie auf Ihr Leben blicken, ist es vielleicht nicht das, was Sie sich erhofft, jedoch sicherlich das, was Sie erdacht haben. Wir bitten Sie deshalb, Ihren Verstand als konstruktives Werkzeug zu nutzen und so zu Ihrem Freund zu machen. Wenn Sie etwas in Ihrem Leben, wie zum Beispiel Ihre Beziehung zu Ihren Eltern, verändern möchten, so brauchen Sie nur neue Ursachen in Form von wohlwollenden Gedanken zu säen. Wenn Sie möchten, dass Ihre Eltern Sie endlich so annehmen, wie Sie sind, dann denken Sie bewusst konstruktiv und nehmen Sie Ihre Eltern endlich so an, wie sie sind. Wenn Sie einen Traumpartner suchen, dann müssen Sie exakt diese Eigenschaften entwickeln, die Sie erwarten. Wenn ein Kaminofen im Winter Wärme spenden soll, muss man Holz nachlegen, und wenn wir Menschen in dieser Welt Frieden wollen, müssen wir mit uns und anderen Frieden schließen.

ÜBUNG

Stellen Sie sich nun die Frage, wohin die unreinen Wünsche der Pseudoseele, des materiellen Egos, andere für den persönlichen Vorteil auszunutzen, in unserer Welt geführt haben. Stellen Sie sich bei all Ihren Entscheidungen folgende Frage: Welche Absichten und welche Motivation stecken dahinter? Danken Sie für die Heilung der Welt und tun Sie einen Schritt in diese Richtung.

Tu, was du willst, und was willst du tun?

In dem Roman »Die Unendliche Geschichte« von Michael Ende aus dem Jahre 1979 erhält der kleine Bastian ein wunscherfüllendes Amulett mit der verschlüsselten Inschrift »Tu, was du willst«. So beginnt er sich zu wünschen, was er mag, und schließlich gerät dabei die Welt in arge Bedrängnis. Fast zu spät erkennt Bastian, dass er seinen wahren Willen erkennen muss, um nicht auf ewig dem Wahnsinn zu verfallen und in einer Phantasiewelt gefangen zu bleiben. Ist das möglicherweise die Situation unserer Zivilisation, die eine Welt kreiert hat, in der täglich Hunderte von Tier- und Pflanzenarten aussterben, da sie dem Wahn unkontrollierter Wünsche zum Opfer fallen? All diese Wesen, kleine Individuen, bunte Insekten, Amphibien, die großen Wälder, die Gorillas und die Orang Utans (bornesisch: die Waldmenschen) haben keinen Platz mehr zu leben und zu atmen bei all unseren Wünschen nach mehr Straßen, Industrieparks, Fabriken etc.

Eine Frage, die man sich in den Meditationsübungen des Zen stellt, lautet: »Was ist das größere Problem, zu viel oder zu wenig zu haben?« Die Beantwortung dieser Frage führt auf den Weg und zu dem Ziel, nämlich zum Pfad der Mitte. Diesen Weg der Mitte, *Nala*, wie ihn die alten Hawaiianer nennen, gilt es global wieder zu finden. Er ist die Balance, das achtsame Miteinander und das Verständnis, dass jedes Lebewesen wertvoll und ein Segen ist. In Gottes Schöpfung gibt es nichts Sinnloses. Alle intelligenten Menschen sind zu diesem eindeutigen Schluss gekommen, dass jedes Tier und jede Pflanze auf diesem Planeten eine besondere Aufgabe hat, auch wenn wir das (momentan) nicht sehen können. Jedes Mitglied in unserem Ökosystem ist ein Segen für alle.

Der Mensch hat einen freien Willen und kann sich wünschen, was er mag, doch mit diesem Geschenk der Freiheit wurde ihm auch die Verantwortung über die Konsequenzen mitgeliefert. Wir haben zum Beispiel die Vorteile unserer gegenwärtigen Landwirtschaft genossen und erkennen jetzt die Konsequenzen, die sie für die Bienen hat. Wenn wir zum Beispiel wissen, dass wir in einer Nahrungskette ohne Bienen innerhalb weniger Jahre verhungern werden, müssen wir alles weglassen und vermeiden, was das Leben der Bienen bedroht.

ÜBUNG

Segnen Sie jetzt die Welt mit Liebe, mit Verständnis für das Leben und die Bedürfnisse aller Lebewesen auf diesem Planeten. Segnen Sie die Tiere und Pflanzen, segnen Sie die großen Unternehmen und Konzerne. Die großen Konzerne haben ganz klare Ziele, die sie auch entschlossen verfolgen. Wir mögen uns ärgern, dass sie so viele Bereiche übernommen haben, doch wer hat sie groß gemacht? Wir Verbraucher. Sie befriedigen nach intensiver Marktforschung nur eine Nachfrage. Sie, liebe Leserinnen und liebe Leser, können mit Ihrer Entschlossenheit und Klarheit auch eine Entscheidung treffen und in Ihrem regionalen Umfeld diejenigen Firmen und Menschen unterstützen, welche die Natur schützen und die Pflanzenvielfalt erhalten. Auch Sie können nachforschen, wer in Ihrer Umgebung biologisch anbaut und Sie gerne beliefert. Segnen Sie Ihre lokalen Anbieter mit Erfolg und reinigen Sie Ihr Herz von Wünschen, die das Leben bedrohen.

Das geistige Gesetz des Glaubens

Der Affe Chiki lebte am Fluss in einem Obstbaum. Dieser Baum trug immer die saftigsten, süßesten Früchte. Eines Morgens kam das Krokodil Kum-Knochenbrecher vorbei. Beide kamen ins Gespräch, und Chiki bot dem Krokodil von den Früchten an. Das Krokodil war beeindruckt von diesem herrlichen Geschmack und der Freundlichkeit des Affen. So besuchte Kum-Knochenbrecher jeden Tag den Affen Chiki, und beide wurden Freunde. Als das Krokodil eines Abends nach Hause kam, wartete seine Frau schon sehr aufgebracht: »Du hast eine Geliebte. Ich weiß es.« Kum darauf: »Oh nein, ich besuche nur den Affen Chiki. Er ist mein Freund.« Seine Frau antwortete: »Ha, Freund – es ist eine Affendame, und du hast ein Verhältnis mit ihr.« Kum-Knochenbrecher: »Es ist ein Mann.« Sie: »Umso schlimmer! Wenn du mich wirklich liebst, dann bringst du mir sein Herz. Es ist bestimmt ganz süß von all den Früchten. Wir sind Fleischfresser, und es ist unsere Natur, Herzen zu essen. Früchte sind nur etwas für Weichlinge!« Kum-Knochenbrecher war vom Verzehr der Früchte schon sehr milde geworden und wand sich hin und her. Als seine Frau aber drohte, ihn mit den Kindern zu verlassen oder sich umzubringen, willigte er schließlich ein. Am nächsten Tag besuchte er den Affen und sprach: »Mein lieber Freund, meine Frau möchte dich kennenlernen. Komm, steig auf meinen Rücken, und ich stelle dich meiner Familie vor. Alle möchten dich endlich kennenlernen, nachdem ich so viel von deinen vortrefflichen Eigenschaften berichtet habe.« Vertrauensvoll stieg Chiki auf Kums Rücken, und ihre Reise begann. In der Mitte des Flusses reute es Kum-Knochenbrecher, und weinend sprach er: »Lieber Chiki, ich

habe dich belogen. Meine Frau glaubt, wir hätten ein Verhältnis, und drohte mich zu verlassen, wenn ich ihr nicht dein Herz bringe. Ich bin ein armer Ehemann und muss um des Friedens willen tun, was sie sagt. Doch ich will dir wenigstens die Möglichkeit geben, zu deinem Gott zu beten. Bete zu deinem Gott, denn bald wirst du vor ihn treten.«
Chiki betete, was das Zeug hielt, und sprach: »Lieber Kum, ich danke dir für deine Offenheit und die Gelegenheit, mich auf meinen Tod vorzubereiten. Der Tod ist ein Besucher, der nicht um Einlass bittet. Er kommt, wann immer es ihm beliebt. Nun gibt es aber ein Problem. Ich habe mein Herz nicht dabei. Ich habe mein Herz immer in diesem Obstbaum, und du siehst hier nur Haut und Knochen. Deine Frau wird sehr enttäuscht sein und sich von meinem Pelz übergeben. Lass uns kurz umdrehen und mein süß-fruchtiges Herz holen.«
Sofort drehte Kum-Knochenbrecher um und schwamm zum Baum zurück. Chiki betete weiter. Sobald sie ans Ufer kamen, sprang Chiki herunter und in seinen Baum. »Lieber Kum-Knochenbrecher, mein Herz hängt an diesem Baum, und deshalb kann ich nicht mit dir kommen. Dort, wo mein Herz ist, da bin auch ich.« Das verstand Kum-Knochenbrecher das Krokodil, und gedankenvoll schwamm er davon – dorthin, wo er sein Herz hatte.
Dort, wo unser Herz ist, ist unser Leben, und wir sind das, was wir tief in unserem Herzen glauben.

Glaube ist das, wovon wir tief in unserem Herzen überzeugt sind, und all unser menschliches Handeln wird davon bestimmt. Eine Frau zum Beispiel, die davon überzeugt ist, nur das Beste verdient zu haben, wird eine andere Ehe führen, als eine Frau, die sich schuldig und minderwertig fühlt. Ein Mann, der zum Beispiel davon überzeugt ist, dass sich in seinem Haus Einbrecher befinden, wird sich anders verhalten als jemand, der eine Geburtstagsparty erwartet. Unsere Überzeugungen, diese Summe all unserer Glaubenssätze, bestimmen unsere Entscheidungen, damit unser Handeln und schließlich die Erfahrungen, die wir machen.

Sie werden uns zustimmen, dass es Überzeugungen gibt, die dem Leben nicht zuträglich sind. Erinnern Sie sich bitte an die sogenannten Tribes der Gruppe zwei in den ersten Kapiteln, deren Werte sich an Unglück, Versagen, Unrecht, Unterdrückung und Misserfolg orientieren. Wenn Sie zum Beispiel daran glauben, kein Glück oder keine Liebe verdient zu haben, werden Sie viele Möglichkeiten, das Glück zu genießen, in Ihrem Leben einfach ausklammern. Möglicherweise werden Sie Einladungen abschlagen, Angeboten misstrauen und Komplimente zurückweisen. Wenn man von der eigenen Wertlosigkeit überzeugt ist, ist es schwierig, Erfolg zu haben. Auf der anderen Seite wird jemand, der davon überzeugt ist, das Glück verdient zu haben, beständig nach Glück Ausschau halten, und je mehr Gelegenheiten sich offenbaren, umso wahrscheinlicher wird er sein Ziel erreichen. Dieser Mensch wird aufgrund seines Verhaltens einfach mehr glückliche Erfahrungen machen, und sein Glaube und seine Überzeugung, dass ihm das Leben wohlgesonnen ist, werden sich mehren. So sieht ein Pessimist viele Hindernisse und verbaut sich damit sein Leben, während der Optimist überall Möglichkeiten erblickt und trotz Fehlschlägen einfach weitermacht. Sportler sind grundsätzlich Optimisten, und ohne den festen Glauben an sich selbst, ohne die Überzeugung, gewinnen zu können, kann man gar nichts erreichen. Zusammengefasst können wir sagen, dass unser Glaube immer die Grenzen unserer Möglichkeiten bestimmt, das Glück zu erfahren.

ÜBUNG

Schreiben Sie eine Liste all Ihrer Fähigkeiten, so lange, bis Sie mindestens zwanzig gefunden haben, und sagen Sie jedes Mal: »Ich bin gesegnet mit … (Ihrer Fähigkeit).« Machen Sie dies wirklich zu einer täglichen Routine und setzen Sie Ihre Fähigkeit ein.

Glaube und Realität

Ich hatte gehört, dass es auf Rhodos viele Schlangen gibt. Einige sollten pechschwarz sein, armdick und mehrere Meter lang. Kaum war ich einige Kilometer mit dem Jeep ins Landesinnere der Insel gefahren, versperrte mir so eine Schlange den Weg. Sie schien sich dort auf der Straße zu sonnen und wohlig die Wärme zu genießen. Ich hielt an, stieg aus, und mit vorsichtigen Schritten näherte ich mich dem Tier. Ja, ich fühlte mich genau so, wie man es mir erzählt hatte. Je näher ich hinging, umso unruhiger wurde ich, und gleichzeitig schien irgendetwas an dieser Szene nicht zu stimmen. Dann wurde es deutlich: Das war gar keine

Schlange, sondern nur ein Ast. Ich fuhr weiter, und der nächste Ast ähnelte ebenfalls einer Schlange. Beim dritten Mal fand ich schließlich auch eine echte Schlange, aber die Ehrfurcht vor den Ästen blieb.

Das, woran wir glauben, bestimmt unsere Wahrnehmung, denn das Auge sieht in der Tat nur Farbflecken, sogenannte *sensa* (lat.: Eindrücke). Erst unser Gehirn verarbeitet diese Sinneseindrücke zu Bildern, gibt den Gegenständen dann einen Namen und verleiht ihnen schließlich einen Sinn. Die Namen und den Gebrauch der Dinge haben wir in unserer Kindheit erlernt, und das kann bekanntlich von Kultur zu Kultur recht unterschiedlich sein. Wir können also nur schwer erkennen, was wir nicht kennen, und übersehen dabei Dinge und Möglichkeiten, die nicht zu unserem Glauben passen. Wir interpretieren die Wirklichkeit anhand unserer Erfahrungen und kulturellen Prägung. Jahrzehntelange Studien der Verhaltens- und Wahrnehmungspsychologie haben bewiesen, dass wir primär nur das sehen, was wir schon kennen, und jenes ignorieren, was wir nicht für möglich halten. Das meiste bleibt uns also verborgen, und so sprach bereits Sokrates: »Ich weiß, dass ich nichts weiß.« Das ist doch mal eine klare Bestandsaufnahme und lässt Raum für mehr.

Der Sufi Dhu al-Nun berichtete wie folgt von seiner spirituellen Erweckung: Er wollte gerade im Ganges ein Bad nehmen, als er am Fluss nahe einem Pavillon eine schöne Frau bemerkte. Fasziniert blickte er sie an, nahm sein Bad, und als er sich dann dem Pavillon näherte, sprach er sie an: »O werte Dame, wer seid ihr?« Die Frau sah ihn an und sprach: »Dhu al-Nun!« Er erschrak, da die Schöne seinen Namen wusste, obwohl ihn hier doch niemand kennen konnte. »Dhu al-Nun, als ich dich von ferne sah, dachte ich, du seist ein Verrückter. Doch als ich bemerkte, dass du ein Bad im Ganges nehmen wolltest, da dachte ich, du seist ein Schüler. Als du mich dann ansahst, wusste ich, du bist kein Schüler, denn Schülern ist es nicht erlaubt, Frauen anzusehen. So hielt ich dich für einen Mystiker, denn die heiligen Mystiker sehen überall immer nur Gott. Doch als du mich nach meinem Namen fragtest, da wusste ich, dass du auch kein Mystiker bist.«

Wir glauben nicht, was wir sehen, sondern wir sehen, was wir glauben, weshalb zum Beispiel ein Röntgenarzt vermuten mag, er habe sich geirrt und vor wenigen Wochen eine Fehldiagnose gestellt, nachdem der Schatten eines angeblichen Tumors auf dem Bildschirm wieder verschwunden ist. Da er vielleicht nicht an Heilung durch geistige Kräfte glaubte, wird er die Testergebnisse entsprechend seiner Überzeugung interpretieren, wie im Buch »Heile dich selbst« von Hana Moog beschrieben.
Genauso wie ein Mensch aus dem vierzehnten Jahrhundert schwören würde, er habe tausend Teufel gesehen, nachdem er in einer Zeitkapsel im Berlin des 21. Jahrhunderts gelandet ist, so leben auch wir in unserer kleinen Welt des Glaubens, basierend auf wenigen Erfahrungen. Gleichzeitig wissen wir, dass der Glaube Berge versetzen kann, und wir behaupten, dass es sich dabei nur um die Berge unserer persönlichen Begrenztheit handeln kann. Jeder trägt einen oder mehrere Berge an persönlichem mentalen Ballast sowie an ererbten männlichen und weiblichen Ahnenprogrammen in sich, die es zu überwinden gilt. Wenn Sie nun herausfinden wollen, woran Sie glauben bzw. welche kulturellen Überzeugungen Sie in sich tragen, dann schauen Sie sich jetzt einfach einmal um. Wie sieht Ihr Körper aus? Wie sieht Ihre Wohnung aus?

Wie sieht Ihr Bankkonto aus? Wie sehen Ihre Beziehungen aus? Wenn Sie tief in Ihrem Herzen glauben, Sie haben Gesundheit, Liebe, Glück und Harmonie verdient, dann wird Ihr Leben auch mit absoluter Sicherheit in diese Richtung streben, selbst wenn es einmal nicht so aussieht. Hat ein Mensch hingegen die Überzeugung, ein Opfer der Vergangenheit oder der Gesellschaft zu sein, werden ihn seine destruktiven und einschränkenden Glaubenssätze in eine Richtung führen, die ihn exakt diese Erfahrungen machen lassen. Sein Leben und seine Lebensumstände werden sich entsprechend seinen Entscheidungen entwickeln. In diesem Sinne kreieren wir auf gewisse Weise immer unser Schicksal selbst und machen uns zu den Propheten und Wahrsagern unserer eigenen Zukunft. Meine Mutter sagte dazu einfach: »Jeder ist seines Glückes Schmied.«

Glaube an die Heilung bei den alten Hawaiianern

Bei jedem Problem wurde als Erstes der Kahuna-Ho'oponopono gerufen. Danach kam ein Kahuna, der vielleicht für Kräuter zuständig war. Vor der Behandlung wurde der Kranke gefragt, ob er an die Behandlung durch den Kahuna glaube. Gab es nur den geringsten Zweifel, wurde ein anderer Kahuna gerufen, zu dem er Vertrauen hatte. Immer ist das Geistige entscheidend, denn jedem geschieht nach seinem Glauben und nach dem, was er erwartet. Wenn man an einer Krankheit leidet, ist es geradezu eine Grundvoraussetzung, an die Heilung zu glauben. Jeder Arzt und Mediziner kann Ihnen den lateinischen Grundsatz *Medicus curat, natura sanat* (Der Arzt versorgt, die Natur heilt) bestätigen und Beispiele nennen, wo sich ein Arzt um die Genesung seines Patienten mit allen Kräften bemühte, doch da sich der Patient selbst aufgegeben hatte, diente alles, was sein Arzt tat, nur einer kurzzeitigen Verlängerung des Lebens.

Das geistige Prinzip der positiven Erwartungen

Das geistige Prinzip des Glaubens führt uns zur Grundregel der positiven Erwartungen. Jesus von Nazareth fasste es wie folgt zusammen: »Und alles, was ihr bittet im Gebet, so ihr glaubet, werdet ihr's empfangen.« (Matth. 21,22.)

Positive Erwartungen zu haben heißt darauf zu vertrauen, dass sich alles zum Besten entwickelt und dass man gesegnet ist. Bitte vertrauen Sie immer darauf, dass Sie von der unendlichen Intelligenz, Gott gesegnet sind. Genauso wie es Menschen gibt, die glauben, alles habe sich gegen sie verschworen, können Sie denken, das gesamte Universum arbeitet nur für Ihr absolut Bestes.

Die folgende Geschichte ereignete sich Mitte der 1950er Jahre. Ein junger amerikanischer Geschäftsmann stand kurz vor dem Bankrott. Seine wichtigsten Kunden waren zu Mitbewerbern gewechselt, und er erwartete, im kommenden Monat weder die Löhne noch die Miete zahlen zu können. Mit hängendem Kopf ging er am Abend in einen Park, und als er so betrübt auf einer Bank saß, näherte sich aus der Dunkelheit ein alter Mann. Dieser setzte sich zu ihm, und auf die Frage nach der Ursache seines offensichtlichen Kummers hin schüttete der junge Geschäftsmann dem betagten Mann sein Herz aus. »Ich denke, ich kann Ihnen helfen«, sagte der Mann und zog ein Scheckbuch hervor. Er trug eine Summe ein und unterzeichnete. »Hier nehmen Sie das, und treffen Sie mich in exakt einem Jahr hier wieder. Dann können Sie mir das Geld zurückgeben. Gott segne Sie.« Mit diesen Worten überreichte der alte Mann einen Scheck, stand auf und verschwand wieder in der Dunkelheit des Parks. Der junge Geschäftsmann war überrascht und ging verwundert nach Hause. Dort sah er sich den Scheck genau an und erschrak. Er blickte auf eine Summe über 500.000 Dollar, und unterzeichnet war dieser Scheck mit John Davidson Rockefeller Junior. Er hatte eine halbe Million Dollar von einem der reichsten Männer Amerikas erhalten. Einem Mann, der als Philanthrop bekannt war und für großzügige Spenden bekannt war. So fühlte er sich in der Tat gesegnet, denn dieses Zusammentreffen konnte nur unter einer höheren Führung stehen. Er überlegte, ob er den Scheck gleich einlösen sollte, um all seine Rechnungen zu bezahlen, doch er entschied sich dafür, den Scheck in seinem Safe zu deponieren und zunächst ein paar Telefonate zu führen. Er rief seine alten Kunden an und führte voller Vertrauen, Begeisterung und Enthusiasmus in den folgenden Tagen viele Gespräche, spornte seine Mitarbeiter an und brachte innerhalb weniger Wochen sein Unternehmen wieder in die schwarzen Zahlen. Er hatte es geschafft, seine Geschäft blühte wie nie zuvor, und nach exakt einem Jahr holte er der Scheck aus seinem Safe und besuchte jenen Park, wo er J. D. Rockefeller Jr. getroffen hatte. Er freute sich, seinem Retter zu berichten und ihm einfach seinen Scheck zurückzugeben. Er setzte sich gerade auf die Bank, als der alte Mann wieder aus der Dunkelheit erschien – gefolgt von einer Krankenschwester. »Oh, ich hoffe, dieser Mann hat Sie nicht belästigt. Er ist aus dem Altersheim hier, verteilt Schecks und behauptet gerne, er sei J. D. Rockefeller.« Mit diesen Worten nahm sie den alten Herrn am Arm und führte ihn wieder weg.

Das, woran wir glauben und deshalb auch für möglich halten, erwarten wir. Hält es zum Beispiel eine Sportlerin für möglich, in einem Wettkampf zu gewinnen, wird sie trainieren und alles daransetzen zu siegen. Ob sich ihre Erwartungen bestätigen werden, ist ungewiss, doch ein Sportler, der von vornherein seine Niederlage erwartet, wird sich weniger anstrengen und nachlässig sein. Er wird Flüchtigkeitsfehler machen, da seine Aufmerksamkeit auf den Sieg des Gegners gerichtet ist. An diesem konkreten Beispiel erkennen wir, welch bedeutsamen Einfluss unsere Erwartungen auf den Verlauf der Geschehnisse haben. Gleichzeitig verdeutlicht es uns, dass alle geistigen Prinzipien neutral sind. Die Sonne scheint über alle Köpfe, und das Universum präsentiert das, woran wir die meiste Zeit denken.

Gesegnet mit einem freien Willen hat der Mensch die Kontrolle darüber, was er denken und erwarten möchte. All unsere Vorstellungen, unsere Bilder von der Vergangenheit und von der Zukunft bestimmen unseren inneren Dialog. Ob Sie mit Ihren Gedanken bei Glück oder Niederlage, Freude oder Enttäuschung verweilen, erkennen Sie ganz einfach an Ihren Gefühlen. Mit negativen Erwartungen prophezeit sich der Mensch eine verhängnisvolle Zukunft, und mit positiven Erwartungen tragen Sie dazu bei, Ihr Immunsystem zu verbessern, energiegeladen und motiviert zu handeln. Wenn Sie also sich selbst und die Welt segnen, ist Ihr innerer Dialog zu einhundert Prozent positiv. Sie denken dann konstruktiv und kreativ. Da circa fünfundneunzig Prozent unserer emotionalen Verfassung von unserem inneren Dialog abhängen, sind wir sicher, dass das Segnen unsere gesamte emotionale und mentale Verfassung beeinflussen kann. Pflanzen Sie einfach Blumen im Garten Ihres Lebens, und er wird erblühen.

Manche Menschen neigen jedoch durch missverstandenes positives Denken und eine Vogel-Strauß-Manier dazu, ihr Unkraut im mentalen Garten zu ignorieren. Lassen Sie uns deshalb immer auf Tatsachen und Erfahrungen blicken. Wenn auf Ihren Partner, auf Ihren Vorgesetzten oder auf Ihre Kunden in den letzten Jahren kein Verlass war, dann wird das mit großer Wahrscheinlichkeit auch so weitergehen. Falls Sie jedoch trotz mehrfacher schlechter Erfahrungen immer noch wütend und enttäuscht reagieren, dürfen Sie sich fragen, warum Sie sich der Tatsache verschließen, dass auf diese Person kein Verlass ist? Warum leisten Menschen so vehement Widerstand gegen das, was ist? Warum vermeiden es manche Menschen, eine konstruktive Lösung zu finden, und fordern weiterhin, dass der andere sich ändern möge? Eine Antwort darauf, die uns die Psychologie gibt, lautet, dass man (1) die Komfortzone verlassen, (2) sich selbst ändern und (3) Konsequenzen ziehen müsste. Es scheint deshalb bequemer zu sein, unglücklich zu bleiben und daraus eine Identität zu kreieren. Dass Menschen immer wieder das Gleiche tun, selbst wenn es zu Schmerzen führt, gehört eben zu den großen Phänomenen der menschlichen Psyche.

ÜBUNG

Bitte untersuchen Sie für einige Tage, woran Sie die meiste Zeit denken. Was erwarten Sie? Notieren Sie Ihre primären Gedanken. Führen Sie eine Art Haushaltsbuch über Ihre Gedanken. Positive Erwartungen schreiben Sie in eine linke Spalte als Einnahmen und Ihre destruktiven Erwartungen in die rechte Spalte als Ausgaben.

Das geistige Prinzip der Fülle

In diesem Universum und auf diesem Planeten gibt es alles im Überfluss. Unendliche Vielfalt und unendliche Fülle sind göttliche Merkmale. Weil Sie göttlich sind, steckt auch in Ihnen dieser unendliche Reichtum und weit mehr Potenzial, als Sie in einhundert Leben nutzen könnten. Sie sind mit Fülle gesegnet. Neue Untersuchungen an der Stanford University haben allerdings gezeigt, dass der Mensch nur zwei Prozent dieses Potenzials nutzt, weshalb wir uns über mangelnde Kapazitäten und ungeahnte Möglichkeiten wahrlich nicht beklagen können – außer man spart sich die restlichen achtundneunzig Prozent für schlechte Zeiten auf. Es gibt von allem, von potenziellen Traumpartnern, Arbeitsplätzen, Kunden, Wohnungen usw., genug. Wenn Sie jemanden kennen, der selbstständig ist und gerade über mangelnde

Aufträge klagt, so gibt es doch sicherlich genug Menschen, die seine Dienstleistung brauchen könnten. Leider haben diese potenziellen Kunden noch nicht den Weg zu diesem Menschen gefunden, doch grundsätzlich ist dieser Mensch gesegnet.

Das Wort Fülle ist der skandinavischen Fruchtbarkeitsgöttin Fulla, der Dienerin der Göttin Frigg, entlehnt. Fulla (Überfluss) aus dem Geschlecht der Asen verwaltet die Schatzkisten der Göttermutter, und von ihr stammen Worte wie »voll«, »vollkommen« und wahrscheinlich auch »fühlen« und »Gefühl« ab, denn was wären wir ohne unsere Gefühle – wohl innerlich leer. Die Kahunas nennen das geistige Prinzip der Fülle und der unendlichen Versorgung *Piha pono wai wai. Wai wai* ist das große fließende Wasser, und das Leben wird als ein Fluss beschrieben, der uns materiellen und spirituellen Erfolg bringt – soweit wir es zulassen. Der Mensch, gesegnet und göttlich, ist mit seiner Seele für immer, seit jeher und in alle Zukunft mit Gott und der ewigen Fülle verbunden. Dieser Gott im Herzen wünscht sich für jeden Menschen Erfolg, Liebe, Glück und Gesundheit. Auch wenn die Werbung gerne sagt: »Greifen Sie zu, es gibt nur noch wenige Exemplare von diesem Produkt«, so gibt es doch kein Gesetz des Mangels. Das, was den Menschen von seiner Fülle, dem Königreich Gottes trennt, ist das falsche bzw. unwahre Denken, da es in der spirituellen Wahrheit nur Fülle gibt. Es ist das Ego, das trennt und die Unwahrheit spricht: »Ich brauche mehr, weil ich sonst zu wenig habe. Ich muss mehr tun, weil ich sonst verliere. Ich muss mich verbiegen, sonst bekomme ich keine Anerkennung, und ich muss mich wichtigen Menschen anschließen, weil ich ein Niemand bin.« Es ist die Stimme der Pseudo-Seele, die Angst hat, etwas zu verlieren, im Wettbewerb liegt und sich über die

Niederlage anderer freut. Je mehr Sie für sich akzeptieren, dass Sie mit der unendlichen Intelligenz im Universum verbunden sind, umso mehr werden Sie gewahr, dass Sie mit der Fülle allen Seins verbunden sind, und können voller Vertrauen Ihren Weg gehen.

Eine Seminarteilnehmerin, die selbstständig als Beraterin tätig ist, bekam einige unerwartete Rechnungen, und gleichzeitig blieben die Rat suchenden Klienten aus. Auf ihrem Konto gähnte eine bedrohliche Leere, und so ließ sie alles stehen und liegen, um die Lösung im Loslassen während eines langen Spaziergangs zu finden. Barfüßig schritt sie über eine Wiese, blickte auf die Bäume und die Wolken. Tief in einer Art Meditation versunken und in einem Gebet des Dankes wurde sie all der Fülle Gottes in der Natur gewahr und verinnerlichte, dass sie immer mit ihrem göttlichen Vater verbunden war und an allem, was Gott gehöre, auch Anteil habe. Sie wusste, dass es keinen Mangel gibt, und mit diesem tiefen Gefühl einer dankbaren Gewissheit kehrte sie nach Hause zurück. Dort war der Speicher ihres Anrufbeantworters bereits voll und am Abend auch ihr Terminkalender.

Die Fülle aktivieren

Das Leben selbst und die Liebe geben und kreieren pausenlos. Segnen Sie also alles, was Sie haben, segnen Sie alles, was Sie sehen, und segnen Sie vor allem alles, was Sie geben. So bleiben Sie mit der Urquelle verbunden. Indem wir segnen und anderen Erfolg, Liebe, Wohlstand, Gesundheit, Kraft, Kunden, Frieden, die Fülle gönnen, bringen wir uns wieder mit dem Leben selbst in Einklang. Segnen ist wie die Vergebung reines und absichtsloses Geben – ein Geben ohne Motiv. Sie aktivieren das universelle Prinzip der Fülle in Ihrem Leben, indem Sie

(1) den Reichtum des Lebens für sich annehmen und (2) die Fülle auch anderen gönnen und (3) funktionierende Strategien nachahmen. Viele Menschen können zum Beispiel keine Hilfe annehmen oder glauben, alles schneller und besser machen zu können, und beklagen sich dann, keine Hilfe zu bekommen und überfordert zu sein. Sie müssen den Wohlstand in jeder Hinsicht für sich annehmen können, ansonsten schneiden Sie sich selbst von der kosmischen Versorgung ab. Sie verbinden sich also mit dem Reichtum des Universums, wenn Sie zum einen vollständig akzeptieren, dass Sie gesegnet sind und zum anderen andere mit Wohlstand, Erfolg, Wissen, Selbstbestimmung und Freiheit segnen.

Das geistige Prinzip der Entsprechungen

Dieses universelle Gesetz wurde in den Mysterien-Schulen und der Hermeneutik (der Lehre der inneren Zusammenhänge) unter anderem in den Lehrsätzen »wie innen, so außen« und »wie oben, so unten« versinnbildlicht. Dieses vertikale Weltbild ist keine naturwissenschaftliche Tatsache, denn ein Atomkern ist keine Sonne, und ein Elektron ist kein Planet, sondern ein Bild zur Erklärung eines Bauplans und der geistigen Strukturen innerhalb des Kosmos. Es soll andeuten, wie sich höhere Prinzipien in niederen widerspiegeln, wie zum Beispiel der Kosmos in unserem Körper – Makrokosmos im Mikrokosmos. Es soll zeigen, dass Ihr menschlicher Körper aus den gleichen Elementen und in den gleichen Proportionen aufgebaut ist wie dieser Planetenkörper. Es möchte zeigen, dass die Summe der Neuronen-Verbindungen in Ihrem Gehirn der Anzahl der Sterne entspricht, die man in dieser

Galaxis vermutet. Es vergleicht die Beziehung des Goldenen Schnitts und der Fibonacci-Zahlen mit dem Aufbau von Pflanzen, erklärt den Zusammenhang zwischen musikalischen Harmonien und Planetenbahnen und vieles mehr.

Schließlich besagt das geistige Prinzip der Entsprechungen, dass sich unser Bewusstsein in unserer Umwelt widerspiegelt. Alles, was je ein Mensch geschaffen hat, war Ausdruck seiner inneren Welt, seines Bewusstseins. Ihre Kleidung, Ihre Frisur, das Auto, das Sie fahren, Ihre Wohnung und Ihre Arbeit spiegeln Ihre primären Gedanken wider. Ihr Einkommen wurde zwar von Ihrem Arbeitgeber bestimmt, doch Sie haben sich entschieden, dafür zu arbeiten, und deshalb ist es ein Spiegelbild Ihrer Gedanken. Ob jemand zu viel isst und deshalb übergewichtig ist oder ob jemand magersüchtig ist – auch das sind die Spiegel der jeweiligen inneren Welt. Sie sind in gewissem Sinne der Durchschnitt jener fünf Menschen, mit welchen Sie Ihre meiste Zeit zusammen verbringen.

In Videospielen wird geschossen und vernichtet, im Fernsehen gestritten und getötet. Ist das das Bewusstsein einer liebevollen Gattung? Die Kriege in der Welt, die Gewalt in Familien und an den Schulen – sind das die Zeichen einer Spezies, die nach Frieden strebt? Wohl nicht, und so müssen wir zugeben, dass die Umweltverschmutzung ein Ausdruck der Verschmutzung unserer Herzen ist. Hätten wir als Menschheit reine Herzen, wir würden sicher anders mit unserer Umwelt, den Bergen, den Seen und Meeren umgehen. Ebenso interpretieren wir den Hunger in der Welt als Spiegel unserer inneren Leere, unseres inneren Hungers nach immer mehr. »Mehr« lautet das Mantra dieser Welt, und ohne je genug zu haben, sehen wir über das Leid jener hinweg, die wirklich nicht genug haben. Gäbe es nicht diese Leere in den Herzen, dieses Vakuum, das jede Moral zu verschlingen scheint, wir hätten den Hunger und die Kriege längst überwunden.

Das geistige Prinzip der Resonanz

Resonare ist lateinisch und heißt »zurückklingen«. Alles, was wir wahrnehmen, bewirkt eine Reaktion, und wir reflektieren darüber. Ist jemand traurig, so neigen wir dazu, ebenfalls etwas traurig zu werden. Wenn jemand lacht, dann schmunzeln wir, und wenn jemand gähnt, dann fangen manche Menschen ebenfalls an zu gähnen. Obwohl in der Realität doch gar nichts geschah, treiben wilde Verfolgungsjagden auf einer Kinoleinwand unseren Puls in die Höhe, und Taschentücher werden gezückt, sobald das Liebespaar von den Wogen des Schicksals auseinandergerissen wird. So wie unser Körper von jenem, was wir essen, geradezu geformt wird, so wird unsere geistige Verfassung von dem beeinflusst, was wir über unsere Sinne aufnehmen, das heißt von dem, was wir sehen, hören, spüren, schmecken und riechen. Unsere physische Nahrung ist die Grundlage für unseren physischen Körper, und unsere geistige Nahrung bildet die Grundlage für unseren geistigen Körper.

Alles, was wir bewusst und unbewusst wahrnehmen, reflektieren wir mit unserem Körper, unserem Geist und unserer Seele. »Greift der Abt zum Glas, dann greifen die Mönche zum Krug«, sagte man früher und versuchte damit auszudrücken, wie wir vom Verhalten anderer beeinflusst werden. Was immer ein bedeutender Mensch tut, das werden andere nachahmen, und so stehen primär Schauspieler, Models, Musiker und Sportler ganz oben auf der Liste der Vorbilder. Dieses Imitieren, das Verhalten anderer zu reflektieren und nachzuerleben, ist seit einigen Jahren Gegenstand der Verkaufspsychologie, der Sportwissenschaften, der NASA und medizinischer Forschungen.

Spiegelneuronen

Im Jahre 1991 wollte das Forscher-Team Rizzolatti und Gallese herausfinden, welche Neuronen im Gehirn eines Affen feuern, wenn dieser nach Nüssen greift bzw. sie auf einem Tisch hin und her schiebt. Als der Versuchsleiter im Team eine Nuss in eine andere Ausgangsposition legte, bemerkte er bei einem Blick auf den Kontrollmonitor, dass bei dem Affen gerade dieselben Neuronen feuerten, als hätte der Affe die Nuss selbst bewegt. Nach systematischer Forschung war im Jahre 1996 bewiesen, dass bei uns dieselben Neuronen aktiv sind, wenn wir (1) selber etwas tun, (2) wenn wir sehen, dass jemand anderes etwas tut, (3) wenn wir denken, jemand hätte es getan, und (4) wenn wir hören, jemand tut es oder könnte es tun. Die psychologischen Konsequenzen dieser Entdeckung sind enorm. Für einen eifersüchtigen Menschen ist die vermutete Untreue des Partners neurologisch gesehen demnach genauso real, als wäre tatsächlich etwas geschehen. Neuronal gibt es keinen Unterschied, ob etwas wirklich geschieht oder nicht, und nun wissen wir, warum wir im Kino weinen. Spiegelneuronen gelten deshalb als biologische Ursache für das Mitgefühl, und deren Erforschung gibt Hoffnung in der Therapie von Schlaganfallpatienten.

Das Ziel segnen

Die NASA und die Sportwissenschaft arbeiten bereits seit den späten 1970er Jahren mit Programmen eines angepassten Mentaltrainings. Eiskunstläufer zum Beispiel bereiten sich auf ihren Auftritt vor, indem sie ihre Kür immer wieder zusammen mit der gewählten Musik vor ihrem geistigen Auge trainieren. »Wenn man nicht mehr sieht, dass man fallen könnte, also jeden Zweifel ausgeschlossen hat, ist man dem Sieg sehr nahe«, erzählte uns eine Profi-Choreografin.

Im Segnen visualisieren Sie die reinste Zielvorstellung und imaginieren den absolut positiven Ausgang einer Situation. Das Ziel gilt neuronal als bereits erreicht, und die große Steuerzentrale all Ihrer Nerven, Zellen und Drüsen, Ihr Gehirn, wird alles daransetzen, das Gewünschte auch zu manifestieren. Das Segnen der Welt, das Segnen von Menschen, das Segnen von allem, was Sie geben oder empfangen, stellt eine der wirkungsvollsten Möglichkeiten dar, Ihr Gehirn auf Empfang für alles Gute zu stellen. Indem Sie anderen Menschen, Tieren und Pflanzen, der Natur und der Welt nur das Beste wünschen, entwickeln Sie sich zu einer durch und durch positiven Persönlichkeit. Positiv, optimistisch und freundlich zu sein ist das gemeinsame Merkmal aller erfolgreichen Menschen. Vermeiden Sie deshalb unter allen Umständen jammernde, klagende, lästernde, klatschende und allgemein alle negativen Menschen, da Sie jetzt wissen, welch ungesunden Einfluss solches Wehklagen aus rein medizinischer Sicht hat. Jedes Mal, wenn Sie die negative Schlagzeile einer großen Tageszeitung lesen, feuern Ihre Neuronen im Gehirn, ihre Drüsen werden angeregt, Hormone werden ausgeschüttet, und jede Zelle wird in einen Alarmzustand versetzt. Vermeiden Sie diesen neuronal realen Ausnahmezustand und segnen Sie stattdessen.

Wenn Ihnen jemand berichten möchte, was irgendjemand getan oder nicht getan hat, segnen Sie diesen Menschen und lenken Sie dann das Gespräch sofort auf etwas Positives. Wenn das nicht möglich ist, gehen Sie einfach weg, denn schließlich geht es um Ihre Gesundheit.

ÜBUNG

Was müssen Sie nun konkret (1) denken, (2) beobachten oder (3) erwarten, so dass Sie gestärkt werden? Schreiben Sie bitte eine Liste, und lenken Sie damit Ihr Leben in eine konstruktive Richtung.

Das geistige Prinzip der Anziehung

Die geistigen Prinzipien der Entsprechungen und der Resonanz sind eng verknüpft mit dem in der Literatur häufig erwähnten Gesetz der Anziehung. Dieses geistige Prinzip besagt, dass man alles, woran man mit starken Gefühlen und Emotionen denkt, mit geradezu magnetischer Kraft in sein Leben zieht. Da alles Energie ist, geraten gleiche und polare Schwingungsfelder miteinander in Resonanz. Gleiche Schwingungen finden ebenso zueinander wie auch entgegengesetzt polarisierte als Täter und Opfer. All diese erwähnten geistigen Gesetze zusammen mit den Lebensweisheiten (Kumukanwai) von Huna führen uns zu einem großen Geschenk und Geheimnis des Lebens, das wir Ihnen in diesem Buch mit überreichen möchten: Segne, was du haben willst.

Segne, was du haben willst

Alles, was wir geistig ablehnen, kann nicht in unser Leben treten, sondern nur das, was wir bewundern. Es ist energetisch nicht möglich, ein größeres Auto zu haben, wenn man Menschen mit großen Autos beneidet. Es ist nicht möglich, finanziell unabhängig zu sein, wenn man finanziell reiche Menschen verurteilt, und es ist unmöglich, seinem Traumpartner zu begegnen, solange man glückliche Paare beneidet. Wenn Sie etwas Besonderes in Ihr Leben ziehen möchten, dann müssen Sie genau jene Menschen, die das haben oder tun, bewundern und segnen. Zu Ihrer Verwunderung werden Sie bald darauf eine Gelegenheit haben, diese Menschen nach ihrem Rezept zu fragen, und Sie bekommen exakt die Information, die Sie zu Ihrem Glück brauchen. Handeln Sie dann sofort. Ziel dieser Technik des Manifestierens ist nicht, noch mehr materielle Güter anzusammeln, sondern sich von Neid, Gier usw. zu entfernen. In einem Interview sprach ein Journalist mit Dr. Wayne Dyer über die verschiedenen Methoden, zu großem finanziellem Wohlstand zu gelangen. Gegen Ende des Gesprächs kam man auf das Wünschen zu sprechen, und Dr. Dyer wurde gefragt, was er sich denn wünsche. Er antwortete: »Wenn ich zwischen allem Reichtum, den ich erlangen kann, und Frieden wählte, das heißt immer in meiner Mitte zu bleiben, egal was geschehen mag, so wähle ich den Frieden.«

ÜBUNG

Erinnern Sie sich bitte an den kleinen Bastian aus der »Unendlichen Geschichte« und bringen Sie das Thema zu einem Happy End. Was wünschen Sie sich wirklich, in Ihrem Leben und in der Welt zu vermehren? Wollen Sie auch Frieden, Harmonie, Liebe, Glück und Gesundheit? Schreiben Sie bitte eine kleine essenzielle Liste, was Sie wirklich wollen, und segnen Sie sie mit der Kraft in Ihrem Herzen.

TEIL III

WORTE, DIE SEGNEN UND STÄRKEN

Wir segnen mit Taten, wir segnen in Gedanken, und wir segnen vor allem mit unseren Worten.
Anders als alle anderen Sinnesreize – was wir sehen, schmecken, riechen oder haptisch wahrnehmen – sind Worte jene Schwingungen, die im Kopf und im Herzen wirken und noch Jahre später in uns nachhallen können. Es sieht so aus, als seien sie Pfeile, die mal mit Balsam und mal mit Gift getränkt sind. Tatsächlich – Worte ('olelo) sind mächtig. Sie schaffen eine Atmosphäre und dringen tief in uns ein, indem sie subtile Informationen durch den überall präsenten Äther tragen. Raum ist das am weitesten verbreitete Element. Selbst grobstoffliche Materie, welche für uns fest aussieht, besteht primär aus Raum. Dehnt man den Atomkern auf Tischtennisballgröße, so wäre das Elektron im Maßstab einige hundert Meter entfernt. Dazwischen ist reiner Raum, das heißt 99,9999 Prozent der Materie ist einfach leer – wirklich leer? Nein, sie ist gefüllt mit dem Element Raum, dem feinstofflichen Äther. Da sich ein Elektron quantenphysikalisch an jedem Ort in der Hülle aufhalten kann, spricht man hier von einer Möglichkeitswolke – ein Raum, in dem etwas möglich ist. Die Manifestation durch das Wort, den biblischen Logos, begann im Raum, dem Äther. Sie und ich entstanden geradezu aus diesem Nichts, noch bevor aus einer winzigen, befruchteten Eizelle ein erwachsener Mensch mit Schöpferkraft hervorgegan-

gen ist. Die Kahunas nennen diesen Bereich *Aka*. Es ist die Essenz Gottes, reine Lichtenergie, aus der alles Weitere entsteht. So sieht ein Haus zum Beispiel von außen kompakt und fest aus, doch im Inneren gibt es dort nur leere Räume zu sehen.
Klang wird im Äther verbreitet, und gleichzeitig nimmt er den ganzen Raum ein. Schon nach kurzer Zeit weiß jede Zelle Ihres Körpers darüber Bescheid, was Ihr Trommelfell als Schallwelle wahrgenommen hat. Je nachdem, was wir gehört haben, wird sich der Zellinhalt chemisch verändern. Worte beeinflussen uns auf physiologischer und psychologischer Ebene. Die Signale erreichen unser Gehirn, werden dort mit ähnlichen Erlebnissen verglichen, und je nachdem, was unser Gehirn dann beschließt, so werden wir uns verhalten. Klänge, Musik und Geräusche können uns aufbauen oder krank machen. Worte schenken uns Mut und Vertrauen, oder sie zerstören. Als Reaktion auf ein unbewusst gesprochenes Wort können wir uns plötzlich wertlos fühlen und glauben, in einer gefährlichen und feindlichen Welt ganz ohne Aussichten zu leben.

Die Worte unserer Eltern

Sicherlich am stärksten haben uns die Aussagen unserer Eltern in unserer Kindheit geprägt. In diesem Alter untersuchten wir die Welt, machten unsere Erfahrungen, und der natürlichste Weg, uns Wissen anzueignen, war einfach, unsere Eltern zu beobachten und ihnen zuzuhören. Häufig haben wir dabei ihre subtilen Überzeugungen, die Beschlüsse und Entscheidungen, wie das Leben ist, übernommen – doch häufig, ohne uns später als Erwachsene über deren Wahrheitsgehalt und prak-

tischen Wert Gedanken zu machen. Prüfen Sie deshalb bitte, welchen falschen Beschlüssen bzw. Entscheidungen aus Ihrer Kindheit Sie eventuell heute noch immer folgen.
Weniger was, sondern eher wie unsere Eltern etwas sagten, scheint für uns wichtig zu sein. Am Ton konnten wir erkennen, was unseren Eltern gefiel und was nicht. Egal was sie uns sagten, wir haben ihnen einfach geglaubt. Dabei erinnere ich (Andrea) mich an ein Ereignis meiner Kindheit besonders gut. Ich hatte auf dem Feld ein paar kleine Mäuse gefunden und diese in ein Gurkenglas gesteckt. Ich wollte ihnen etwas Gutes tun und habe sie beim Mittagessen auf dem Tisch frei gelassen, denn sie sollten mit uns zusammen essen. Meine Mutter konnte mich schließlich davon überzeugen, dass sich die Mäuse ihr Essen auch auf dem Fußboden gut schmecken lassen konnten, und am Abend haben wir die kleinen Tiere im offenen Glas vor unser Haus in den Wald gestellt. Meine Mutter hatte mir genau erklärt, dass die Mäuse-Mutter ihre Kinder vermisst und sie die Kleinen dann in der Nacht nach Hause holen wird. Am nächsten Morgen war das Glas leer, und ich war sehr glücklich und zufrieden, dass die Mäuslein wieder bei ihrer Mutter daheim waren. Ich hatte damals keine Zweifel, keine Sorgen, oder sonst irgendein schlechtes Gefühl, da ich mir völlig sicher war, dass alles genauso passierte, wie es mir meine Mutter sagte. So war es auch bei anderen Gelegenheiten. Manchmal sagte sie, wenn ich ungezogen war: »Du bist ein gutes und kluges Kind, nur ab und zu besucht dich ein Teufel. Willst du dich von ihm alleine verabschieden, oder sollen wir dir helfen?« Irgendwie wusste ich, was damit gemeint war und wer der Teufel war. Weil ich also ein gutes und kluges Kind sein wollte, habe ich mich dann einfach von ihm verabschiedet.

Viele Menschen haben Bezeichnungen gehört wie zum Beispiel »Du bist dumm, zu langsam, zu ungeschickt, zu hässlich, zu laut, zu anstrengend, nur ein Mädchen, dick, dünn, wie dein Vater, wie deine Mutter« und vieles mehr. Daraus folgerten wir, nicht liebenswert, nicht erwünscht und eine Last zu sein. Diese Worte haben uns damals geschwächt, und sie schwächen uns noch immer – solange wir diesen Worten weiterhin Bedeutung geben und sie als Wahrheit über uns akzeptieren. Wenn Sie wegen solcher Worte mit Ihren Eltern auf Kriegsfuß stehen, bekräftigen Sie im Grunde diese Aussagen – nicht in ihrem Wahrheitsgehalt, aber in ihrer Wirkung, denn jeder Widerstand stärkt das, wogegen wir ankämpfen. Einfacher wäre es, dem Drachen zu begegnen und diese Aussagen anzunehmen. Sagen Sie: »Ja, ich konnte dumm, langsam, dick und ungeschickt im Vergleich mit meinen Eltern oder anderen sein. Es war damals eine Aussage von vielen, und es war eine Wahrnehmung meiner Eltern. Doch heute ist das anders, und ich liebe mich. Es gibt Bereiche, in welchen ich mich sicher verbessern kann und möchte. Ja, und ich liebe es, mich zu verbessern.« Was wir wiederholt von unseren Eltern hörten und deshalb verinnerlichten, führen wir als einen inneren Dialog fort. Wenn Sie dieses innere Zwiegespräch ändern, verändern Sie Ihr Leben. Als Erwachsene können wir ruhig alles mitfühlend annehmen, da wir nun wissen, dass unsere Eltern uns nur als ihren Spiegel benutzten. Solange man jedoch die Eltern für das eigene Unwohlsein anklagt, bleibt man in den Kinderschuhen der Vergangenheit stecken und beschuldigt sich selbst, noch immer unfähig zu sein, anstatt erwachsen zu werden. All die destruktiven Worte der Eltern bleiben in einem Menschen lebensfeindlich präsent, solange man die Eltern für das eigene Unglück beschuldigt.

Das Innere Kind heilen

Weit über achtzig Prozent aller psychischen Probleme sind die Folgen kindlicher Verletzungen, die nicht erlöst bzw. geheilt wurden. Das Kind in Ihnen ist verletzt, und Ihr Körper ist gewachsen. Die angeblichen Wahrheiten wurden nie berichtigt. Sprechen Sie mit dem kleinen verletzten Kind in Ihnen, das noch immer an die Aussagen vor zwanzig, dreißig, vierzig, fünfzig oder mehr Jahren glaubt. Sie müssen Ihr Inneres Kind überzeugen, dass die Entscheidungen von damals keine Gültigkeit mehr haben. Das Kind in Ihnen muss nicht mehr leiden. Es ist wertvoll und geliebt. Laut der Huna-Lehre werden alle Erinnerungen, alle Daten, die im Unterbewusstsein gespeichert sind, vom Inneren Kind verwaltet. So können Sie mit Ihrem Unterbewusstsein wie zu einer realen Person sprechen. Segnen Sie dieses Kind in Ihnen, sagen Sie ihm, wie sehr Sie es bewundern und lieben. Letztlich sind Ihre Eltern nicht mehr für Ihr Schicksal verantwortlich. Sie haben jetzt die Macht, alle unangenehmen Worte Ihrer Eltern zu korrigieren. Es ist wie bei einem Diktat in der Schule; zuerst hat man etwas falsch geschrieben, doch nach der Korrektur werden alle Fehlersätze noch einmal richtig aufgeschrieben. Schreiben Sie jetzt eine liebevolle, segensreiche Geschichte für Ihr Leben. In manchen Bereichen geht es einfach und mühelos, und in anderen Bereichen machen wir immer wieder Fehler.

Gut, dann müssen wir uns eben mehr anstrengen. So ist es im Leben.

Wie man durch Sprache die Welt verändert

Alle Menschen hätten in ihrer Kindheit am liebsten nur Worte des Lobs, der Bestätigung, der Anerkennung, des Verständnisses und der reinen Liebe gehört. Man sagt, solche Sätze wären ein großer Segen gewesen. Doch wie ihre Eltern, so sprechen Menschen nun mal anderes, als sie es selbst zu hören wünschen.
Pfarrer Will Bowen aus Amerika beobachtete, dass das Gros seiner Gemeindemitglieder sehr unzufrieden war. Seine Schäfchen nörgelten, klagten, schimpften und lästerten übereinander, und er wollte ihnen dieses Verhalten, das ihr Leben schließlich formte, einmal bewusst machen. So verteilte er eines Tages elastische Armbänder und erklärte folgendes Spiel: Jedesmal, wenn sie sich dabei ertappten, sich zu beklagen, zu jammern oder zu lästern, müssten sie das Bändchen von einem Handgelenk auf das andere wechseln. Das Ziel des Spiels sei, so konstruktiv und wohlwollend zu sprechen, dass man das Armband einundzwanzig Tage hintereinander nicht tauschen müsse. Wäre man zum Beispiel bei Tag drei angelangt und würde sich über das schlechte Wetter beklagen, müsse man das Band wechseln und würde wieder bei Tag eins beginnen. Skeptisch und mit einem Lächeln nahmen die Gemeindemitglieder das Geschenk an. Nach ein paar Tagen brachten die meisten ihr Armband mit der Bemerkung zurück: »Vielen Dank, Pfarrer Bowen, aber wir wissen nicht mehr, worüber wir sprechen sollen.« Eine Handvoll Entschlossener machte weiter und hatte die Herausforderung, nur noch schöpferisch zu sprechen und zu denken, tatsächlich nach sechs bis acht Monaten täglicher Beobachtung gemeistert. Für all diejenigen, die das Einundzwanzig-Tage-Ziel erreichten, machte das

Leben Freuden- und Quantensprünge. Ehepaare, die schon beim Scheidungsanwalt waren und »mit dem Bändchen starteten«, lebten wieder in Harmonie zusammen. Eine Frau, die als Wächterin in einem Gefängnis arbeitete, berichtete, wie anstrengend der Job mit all den fluchenden und spuckenden Insassen war. Nach einundzwanzig Tagen einwandfreiem Sprechen bemerkte sie, dass sich die Insassen ihr gegenüber nett verhielten. Selbst die Schulnoten ihrer Kinder hatten sich verbessert. Sportteams erzielten bessere Leistungen, und Firmen, die sich dem Programm anschlossen, erzielten höhere Gewinne. In Amerika ist diese Bewegung unter dem Namen »Complaint Free World« bekannt, und die Liste der Erfolge ist beeindruckend.

Nach den Empfehlungen des tibetischen Buddhismus für Klang und Stimme gibt es vier falsche Handlungen in Bezug auf die Rede: zu lügen, zu schwätzen, zu schimpfen und Zwietracht zu säen. Wenn Sie nun Ihre Sprache sehr sorgsam wählen und nur das aussprechen, was Sie selbst gerne hören möchten, dann sind Sie ein Segen für Ihre Mitmenschen und auch ein Segen für sich selbst.

In diesem Buch gibt es weiter vorne das Kapitel »Der Segen der Sonne«. Dort finden Sie ein Gebet, in dem unter anderem die Segnung erbeten wird, dass unsere Worte in ihrer Aussagekraft bestätigt werden sollen. Das ist die natürliche Macht des Wortes, und man möge sich daher genau überlegen, was man sagt.

Den inneren Dialog verändern

Es gibt auch andere Methoden, um unsere Sprache als mächtiges Werkzeug unseres schöpferischen Potenzials zu entfalten. Wir kennen zum Beispiel Affirmationen, Afformationen, Anrufungen, Bejahungen, Gebete, Gesänge, Chants und Mantras. All diese Techniken haben das Ziel, das Unterbewusstsein von einschränkenden Glaubenssätzen zu reinigen und auf das Gewünschte hin zu programmieren.

Affirmationen sind vielen von uns als positive Aussagen darüber bekannt, was wir als erstrebenswert empfinden. Das lateinische *firmare* bedeutet »fest machen« oder »befestigen«, und wir verankern unser Ziel oder unser erwünschtes Ereignis mit einem positiv formulierten Satz, den wir beständig wiederholen. Zum Beispiel: »Ich bin vollkommen gesund.«

In unserer Arbeit mit Tausenden von Seminarteilnehmern haben wir oft den unterschwelligen negativen Glaubenssatz herausgearbeitet, der da lautet: »Ich bin wertlos.« Das ist der innere Dialog, der meist seit Jahren viele hundert Mal am Tag wiederholt wurde, und obwohl sich jeder wertvoll fühlen möchte, wirkt die Aussage »Ich bin ein wertvoller Mensch« auf viele zunächst befremdlich. Ebenso ungewöhnlich klingt der Satz: »Ich liebe mich.« Es ist etwas Neues, das das Unterbewusstsein erst einmal annehmen muss. Und weil wir uns selbst noch nicht glauben, gestaltet sich das schwierig. Es ist wie eine Art Schwelle, die zunächst überwunden werden muss.

Die nächste Stufe ist eine Afformation (lat.: *formare*, eine Form geben). Sie können sich fragen: Warum bin ich wertvoll? Warum bin ich liebenswert? Was finde ich gut an mir?

Dieses »Wertvoll« darf jetzt konkret mit Inhalt gefüllt werden, damit wir es auch glauben. Etwa fünfundvierzig Prozent der Menschen befinden sich primär in einem Wettkampf und wollen anderen beweisen, dass sie wertvoll sind. Da sie es selbst nicht glauben, brauchen sie die Bestätigung ihrer Umgebung. Eine Afformation dient dazu, sich zu fragen, warum die Affirmation stimmen soll. Das hilft dem Inneren Kind, sich einzustimmen und zu glauben, was wir uns wünschen. Wenn Sie die Affirmation sprechen: »Alles, was ich anfange, wird mit Erfolg gekrönt«, können Sie sich fragen: Warum? Was ist Erfolg? Was ist eine Krone? Beschäftigen Sie sich damit, und Sie finden alle Antworten, die Sie zu Ihrem Ziel führen. Zum Beispiel: Weil ich sehr konzentriert arbeite; weil ich mein Ziel vor Augen habe; weil ich die Erfahrungen von erfolgreichen Menschen aus meinem Bereich nutze; weil ich mich weiterbilde; weil ich alles, was ich tue, von Herzen mache; weil ich meine Arbeit liebe; weil es dem Leben dient; weil ich gesegnet bin. Denken Sie weiter darüber nach und ergänzen Sie Ihre Liste, warum Sie zum Beispiel Glück verdient haben. Vergegenwärtigen Sie sich immer, dass Ihr innerer Dialog ein Segen für Sie und für andere ist. Damit werden sich Ihre Zweifel und Ihr Misstrauen, Ihre Unklarheit und Ihre Unsicherheit in Vertrauen und Sicherheit verwandeln.

Anfang des zwanzigsten Jahrhunderts lebte in Amerika die Ahnherrin jetziger Lehrer des positiven Denkens, Florence Scovel Shinn (1871 – 1940). Sie heilte durch das Wort, wie sie sagte, und nannte ihre positiven Aussagen »Bejahungen«. Florence Scovel Shinn empfahl, dass man seine Worte nur für drei Dinge nutzen sollte: um zu segnen, zu vermehren und zu heilen. Eine Bejahung ist eine Segnung. Es ist die

Bestärkung dessen, was man sich wünscht. Voraussetzung für den Erfolg einer Bejahung ist (1) das zu schätzen, was man schon hat, (2) die göttliche Gnade und Hilfe zu erwarten, (3) sich das Ziel als Bild vor Augen zu halten, (4) völliges Vertrauen zu haben und schließlich (5) der Intuition zu folgen und den ersten Schritt zu machen.

Die Klienten schilderten Florence das Problem, und sie gab ihnen dann das Wort, das heißt einen positiv formulierten bildhaften Satz, den die Klienten im Geiste behalten und wiederholen mussten. Florence bat die Hilfesuchenden immer einen kleinen Schritt in die gewünschte Richtung zu tun, um den Satz mit einem Beweis zu bestärken. Hier ist ein Beispiele zu ihren Bejahungen: »Lass mich jetzt in meinem Geiste, meinem Körper und all meinen Angelegenheiten die göttliche Idee zum Ausdruck bringen.« Florence Scovel Shinn sagte dazu: »Wenn dein Unterbewusstsein diese Aussage fühlt, wirst du mit neuen Ideen und neuen Bildern erfüllt werden, die dich begeistern, und in deinem Leib wird eine chemische Umwandlung stattfinden, da du dich mit dem göttlichen Plan in Einklang bringst. Du lässt die Segnungen Gottes in dich fließen für den vollkommenen göttlichen Plan. Gottes unbesiegbare Macht ordnet alles im Voraus.« Eine andere bedeutende Bejahung von Florence Scovel Shinn lautete: »Ich wünsche nur das, was die unendliche Intelligenz durch mich wünscht. Ich beanspruche nur das, was nach dem göttlichen Gesetz gemäß der Gnade mir auf eine vollkommene Weise zusteht.« Nachdem Sie das gelesen haben, beantworten Sie sich bitte die Frage, was sich die unendliche Intelligenz für uns wünschen könnte – Liebe, Glück, Gesundheit, Frieden? Nun, da wir nicht unendlich intelligent sind, muss es mehr sein, als wir uns vorstellen können.

Worte erschaffen eine geistige Atmosphäre

Einst ging der Kasperle, mittlerweile in die Jahre gekommen, am Strand spazieren, als er eine Flasche fand. Kaum hatte er sie entkorkt, kam auch schon ein großer Flaschengeist hervor, der versprach, ihm drei Wünsche zu erfüllen. »Oh, ich habe so großen Hunger, und mit leerem Magen kann ich nicht gut wünschen. Ich brauche erst mal einen Teller Suppe mit Wurst für einen klaren Kopf.« Schwupp – da war die Suppe da, und der Kasperle aß mit Freude seine Wurst. So ging er heim zu seiner Gretel, mit der er seit einigen Jahren verheiratet war. »Schau, was ich gefunden habe«, sagte er und erzählte ihr die Geschichte von dem Flaschengeist und der Suppe. »Ach du Dummkopf, jetzt hast du einen Wunsch verschwendet! Ich wünschte, die Wurst klebte dir an der Nase.« Schwupp – da klebte eine dicke Wurst an seiner Nase. Der Kasperle klagte, und die Gretel zog so an der Wurst, dass der Kasperle nur noch mehr jammerte. Nichts half, und so holte man den Seppel, der als bester Freund der Familie ein paar Häuser weiter wohnte. Der Seppel hatte die Idee, die Wurst einfach abzuschneiden, doch das gefiel dem Kasperle gar nicht. Nach ein paar schlimmen Tagen und schlaflosen Nächten blieb dem Paar nichts anderes übrig, als den dritten Wunsch zu opfern, und schwupp – da war die Wurst verschwunden und damit auch der Flaschengeist.

Wir sind sicher, dass sich jeder schon mal etwas wünschte, das sich später nicht gerade als ein Segen erwies. Wünsche haben eine sehr starke Schwingungsenergie, und deshalb müssen wir unsere Absichten reinigen und läutern, damit die Erfüllung unserer Wünsche uns tatsächlich zu Glück, Liebe und Gesundheit führen. Wir können uns also fragen, was sich Gott für uns wünscht. Alles, was sich Gott für uns wünscht, ist gut und übersteigt sicher immer all unsere Vorstellungen. Könnte es sein, dass die unendliche Intelligenz will, dass wir glücklich sind, unsere Stärken statt Schwächen leben, dass wir uns mit der Natur und anderen Lebewesen verbunden fühlen, dass wir nach unserem besten Wissen und Gewissen handeln, dass wir unsere wahre Natur erkennen und unser Potenzial leben, dass wir unsere Gaben für das Wohlergehen anderer nutzen und dass wir wahrhaftig leben und gesund sind?

Wie breit angelegte Studien der letzten fünfzig Jahre eindeutig beweisen, haben Menschen im Allgemeinen recht wenig Vertrauen in sich selbst, und so ist wohl etwas Vorschuss in Form göttlicher Gnade und Liebe notwendig, um den Menschen von seiner Größe zu überzeugen. Wenn Menschen das Gefühl haben, von Gott mit Liebe und Glück gesegnet zu sein, gelangen sie in eine besondere Kraft und beginnen einem inneren Ruf zu folgen. Dieser inneren Stimme müssen Sie folgen und den ersten Schritt machen, damit sich der Weg offenbaren kann. Das kosmische Selbst existiert und spricht zu uns, doch im Lärm der Ego-Gedanken überhören wir leicht seine Stimme. Seine Worte sind immer voller Liebe und voller Mitgefühl. Sie sind das Schönste und Erhabenste, erfüllt mit Wohlwollen für alle Beteiligte. Von Mozart, um nur ein Beispiel zu nennen, wissen wir, dass er in der Stille alle seine Opern und Symphonien in ihrer Gesamtheit, also sämtliche Partituren und Choräle, im Geiste vollständig hörte. So groß war sein Vertrauen in diese göttliche Inspiration, dass er dann Note für Note fehlerfrei und ohne Korrektur aufs Papier übertrug.

Worte sind kondensierte Gedanken, und wir erschaffen mit unserer Sprache auch eine geistige Atmosphäre. Das ist eine große Verantwortung, denn durch eine aggressive Sprache verletzen wir sowohl Menschen als auch den Äther.
Die ursprüngliche hawaiianische Kultur kennt viele Gesänge, sogenannte Chants, zur Verehrung der verschiedenen Gottheiten und der Ahnen, und es wird viel gelacht. Diese Gesänge lernte man schon als Kleinkind durch Zuhören und Nachahmen. Nichts wurde unternommen, nichts wurde begonnen, ohne zuvor um Segnungen zu bitten. Um Süßkartoffeln in die Erde zu setzen oder um ein Kanu zu bauen – immer wurden zuerst die Segnungen der Älteren und der Gottheiten eingeholt. So erhielten die Menschen Segnungen für das Gelingen aller Tätigkeiten des Tages. Segnen schafft eine geistig-spirituelle Atmosphäre, und wir möchten Sie bitten, vielleicht in Zukunft Ihren Tag mit einem persönlichen Segensspruch zu beginnen.

ÜBUNG

Entwickeln und formulieren Sie Ihren ganz persönlichen Segensspruch für sich und die Welt. Was wollen Sie der Welt von Herzen wünschen?

Segne deine Feinde

Wir begegnen vielen Menschen und hören häufig den Satz: »Ich habe keine Feinde.« Während wir uns dann unterhalten, berichten uns diese Menschen, dass sie etwas gegen Politiker, die Kirche, das Finanzamt, den Überwachungsstaat, Google, den Konsum, ihre Eltern, Institutionen und ein paar andere Leute haben – eine lange Liste. Manchmal wechseln die Rollen, und schaut man auf die Politik oder in den eigenen Bekanntenkreis, so gilt die Weisheit: Aus Freunden können Feinde und aus Feinden können Freunde werden.

Unter Feinden verstehen wir meist all jene, die uns in unseren Augen das Leben schwer machen und uns angeblich daran hindern, glücklich zu sein. Aber alles, was wir an anderen ablehnen, ist auch ein Persönlichkeitsanteil in uns. Feinde spiegeln uns etwas, und wenn wir unsere sogenannten Feinde segnen, dann nehmen wir jenen Teil in uns an, welchen wir in uns bewusst oder unbewusst ablehnen. Unsere äußeren Feinde sind ein Hinweis auf unsere innere Feindschaft. Ihr gilt es mit Entschlossenheit zu begegnen und unsere Selbstkritik, unsere Schuldgefühle, all den Perfektionismus, die gemeinsam unsere Herzen verschließen, in Liebe zu transformieren. Solange wir irgendetwas in uns oder der Welt ablehnen, kann es keinen Frieden geben. Alles, was wir versuchen zu ignorieren oder aus unserem Leben ausklammern, macht sich nötigenfalls auf anderer Ebene bemerkbar. Alles sucht seinen Platz, und nachdem es gesehen und gewürdigt wurde, verwandelt es sich von selbst durch die Kraft der Liebe.

Im Spiegel der Kollegen

Stellen Sie sich bitte eine kleine Bürosituation mit ein paar Angestellten vor. Einer der Mitarbeiter, Herr Ungeduld, hat die Neigung, seine Kollegen und Kolleginnen bei unterschiedlichen Gelegenheiten anzuschreien. Diesen destruktiven und unfeinen Charakterzug nennen wir »Schatten«, und weil das nur eine Seite der Medaille ist, nennen wir das konstruktive Pendant dazu Licht. In Bezug auf unser Beispiel fragen wir uns jetzt, was Herr Ungeduld eigentlich versucht zu erreichen und welche positiven Fähigkeiten sich im Schatten verbergen. Beachten Sie bitte, dass wir nicht fragen, warum er so handelt, sondern wir schauen nur wertungsfrei auf sein Handeln. Was tut also Herr Ungeduld? Wir finden zuerst Beschreibungen wie »rumbrüllen« und »schreien«, doch wenn man genauer hinsieht, erkennt man »den Versuch sich abzugrenzen, seine Bedürfnisse zu äußern, zu sich zu stehen, die Meinung frei sagen zu können, sich Gehör zu verschaffen«.

Sein Verhalten »anschreien« ist der Schatten der Fähigkeit »sich abzugrenzen«. Da Herr Ungeduld noch nicht gelernt hat, gewaltfrei zu kommunizieren, lebt er noch den Schatten von »Grenzen setzen«, nämlich das »Anschreien«. Egal, welchen Posten und welch hervorragende Fähigkeiten Herr Ungeduld hat, in puncto Kommunikation sitzt er sozusagen in der ersten Klasse. Doch auch das macht nichts, denn jeder fängt klein an. Jeder, der heute oben auf der Leiter steht, begann auf der ersten Sprosse. Ich denke, wir haben nun etwas Mitgefühl für Herrn Ungeduld und können ihn segnen, damit er einen liebevollen Zugang zu seinen verborgenen Schätzen erhält.

Wenn es keine Spiegel gäbe, wüssten wir wohl kaum, wie wir aussehen, und weil wir unser eigenes Verhalten nicht beobachten können, hat sich das Leben etwas Besonderes, sozusagen Verhaltens-Spiegel, ausgedacht. Die Menschen unserer Umgebung und vor allem all jene, die wir ablehnen, spiegeln uns Teile unseres eigenen Verhaltens. Der Transformations-Therapeut Robert Betz nennt diese Menschen, die uns einerseits recht ärgern, doch andererseits ein wahrer Segen sind, da sie uns auf unsere eigenen Schattenseiten hinweisen, »Arschengel« – ein deftiger Begriff, der einem im Gedächtnis bleibt.

Herr Ungeduld fordert uns einfach auf, unser eigenes Verhalten zu hinterfragen. Was spiegelt uns Herr Ungeduld? Können wir uns abgrenzen? Können wir uns Gehör verschaffen? Erlauben wir uns, unsere Meinung und unsere Bedürfnisse frei zu artikulieren? Schreien wir Menschen an, und wenn ja, wen? In welchen Situationen geschieht das? Welche roten Knöpfe werden gedrückt? Geht es um frühkindliche Verletzungen? Wovor haben wir Angst, und was erlauben wir uns nicht zu tun?

Wann immer Sie sich über jemanden ärgern, betrachten Sie diesen Menschen als einen Segen, und fragen Sie sich, was Ihnen sein Verhalten sagen soll.

Erkenne dich selbst

Wer in der griechischen Antike etwas Bedeutsames und Richtungsweisendes erfahren wollte, der reiste in die Stadt Delphi. Hier, unter dem Schutz der Hohepriesterin, erhielt der Suchende im Tempel des Apollon die Weissagung des berühmten Orakels. An der Schwelle zum Brunnen der verborgenen Existenz stand dort ein kurzer Satz geschrieben: Erkenne dich selbst (altgriechisch: gnothi seauton). Durch Selbstreflexion und Erkenntnis der Innenwelt konnte der Besucher einen Zugang zur Problemlösung in seiner Außenwelt gewinnen. Gleichzeitig führte die Selbsterkenntnis zur Gotteserkenntnis, denn dies war auch die Begrüßungsformel des Gottes Apollon. Dieser sprach den Eintretenden mit »Erkenne dich selbst« an, und der Besucher antwortete darauf »Du bist es«. Sie sind es, das heißt, Sie sind göttlich. In Ihnen wohnt Gott.

Durch den oben beschriebenen, schrittweisen Prozess des Beobachtens und sinnvollen Reflektierens entwickeln Sie ein wundervolles Verständnis für Ihr eigenes Verhalten, indem Sie sich selbst im Spiegel der anderen erkennen. Das Leben in Ihnen sucht nur nach Heilung, nach Harmonie und danach, sich zum Wohle aller auszudrücken. So zeigt es Ihnen die Wunden in der Welt als ein Spiegelbild Ihrer eigenen Verletzungen. Wenn Sie durch Annehmen, Mitgefühl, Vergebung und Segnen Ihre innere Schwingung erhöht haben, wird Sie das Verhalten anderer nicht mehr verletzen. In diesem Sinne schrieb der römische Kaiser und Philosoph Mark Aurel (121–180) an verschiedenen Stellen in seinen Selbstbetrachtungen: »Wer mit sich selbst in Harmonie lebt, ist mit dem Universum in Harmonie. Glücklich sein heißt einen guten Charakter zu haben.«[8]

Die alten Schöpfungsgeschichten berichten, wie Gott den Menschen nach seinem geistigen Bilde schuf. In ähnlicher Weise erschaffen auch

---

8 Quelle: Archive der University of California, Selbstbetrachtungen, Marc Aurel, Übersetzung von 1906 von Otto Kiefer.

wir viele unserer Feinde nur dadurch, dass wir uns ein Bild von ihnen machen. Eine Vorstellung – und sie bestimmt dann unsere Gefühle, damit unser Verhalten und Handeln und schließlich die Ergebnisse. Wenn wir an die guten Eigenschaften unserer Feinde denken, entwickeln wir ein erweitertes Bild, haben positive Gefühle, handeln konstruktiv und ernten mit großer Wahrscheinlichkeit gute und zufriedenstellende Ergebnisse. Wenn Sie sich hingegen auf die schlechten Eigenschaften Ihrer Konfliktpartner konzentrieren, sehen Sie ein begrenztes Bild, führen einen engen inneren Dialog und fühlen sich sorgenvoll. Auf diese Weise kreieren Sie noch mehr von dem, was Sie nicht wollen, denn denken ist immer schöpferisch. Mit dieser einfachen Formel wird deutlich, wie lebenswichtig es ist, die Feinde zu segnen, denn wir werden immer zu dem, woran wir die meiste Zeit denken. Konzentriert man sich auf die negativen Eigenschaften seiner Kontrahenten, so wird man genauso wie dieser Feind.

Zwei Rivalen

Die guten Eigenschaften Ihrer Feinde zu sehen und zu respektieren ist für Sie gerade im Geschäftsleben von Vorteil. Als ein Beispiel dient die Rivalität zwischen Bill Gates und dem 2011 verstorbenen Steve Jobs. Apple und Microsoft kämpften um Marktanteile und lieferten sich jahrelang gerichtliche Gefechte um Copyright-Verstöße. Nichtsdestotrotz zollten sich die beiden Firmengründer den größten Respekt, und als Apple 1996 in einer finanziellen Krise steckte, investierte Bill Gates auf Steve Jobs' Bitte hin kurzerhand 150 Millionen Dollar in das Unternehmen. Unter Generälen sagt man auch: »Dem Feind gilt immer der größte Respekt, denn nur Gleichgestellte können sich auf einem Schlachtfeld begegnen.« Der Vorteil eines Kontrahenten liegt darin, dass er Ihnen möglicherweise ein paar Wahrheiten verrät, die Ihnen Freunde um des lieben Frieden willen verheimlichen, und das macht Ihre Widersacher wiederum zu beinahe besseren Freunden. Im spirituellen Bewusstsein muss man sich letztlich von dieser »Ur-Teilung« in Freund und Feind verabschieden, und so können wir immer sehen, wo wir stehen. Segnen Sie also Ihre Mitbewerber oder Widersacher und lernen Sie von ihnen. Fragen Sie sich, wie Ihre sogenannten Feinde zu ihrer Größe und Stärke gelangt sind, und Sie werden einen großen Schritt weiterkommen.

Ein Feldherr segnet seine Feinde

Wir begeben uns nun nach Indien ins Jahr 3700 vor Christus. 50 Kilometer südlich von Hastinapura (Neu Delhi) liegt eine weite Ebene, das Feld der Kurus – Kuruksetra – genannt. Es ist der Abend vor einer der größten Schlachten der Weltgeschichte, die später im Mahabharatha, dem weltgrößten Epos mit 180.000 Doppelversen, besungen wird. Hier haben sich die heiligen Könige und *Ksatriyas*[9] mit ihren mächtigen Heeren versammelt.

Die Sonne ist untergegangen, und fünf Brüder, die sogenannten Pandavas, die Heerführer des einen Lagers, haben sich aufgemacht, die

9 Von diesem Sanskritbegriff Ksatriya sind die Worte Schach, Schah, Kaiser, Zaddi und Cäsar abgeleitet. Er bedeutet »Diejenigen, die andere mit ihrem Schwert beschützen«.

Feldherren des gegnerischen Lagers zu besuchen. Dort, in den Zelten der feindlichen Kurus, sitzen Bishma und Drona. Beide sind die Lehrer dieser fünf Brüder, der Pandavas, doch nun hat das Schicksal und die Vorsehung beide, Lehrer und Schüler, an die Spitze der gegnerischen Reihen gestellt. Drona und Bishma gelten als unbesiegbar, und als Lehrer werden sie von ihren Schülern respektiert und verehrt. So besuchen die fünf Pandavas ihre Lehrer und knien sich vor sie nieder. Mit ihren Häuptern berühren sie den Boden, und mit den Händen berühren sie die Füße von Bishma und Drona. Das ist die demütige Haltung, die wir bis heute in Indien finden, um den Segen der Eltern und Lehrer zu empfangen. Die Energie (Mana) fließt immer von oben nach unten, und sobald sich ein Schüler in Hochmut über den Meister erhebt, verliert er seine Kraft.

Bishma und Drona sind glücklich, ihre heldenhaften Schüler zu sehen, und man hat Tränen der Zuneigung in den Augen. Gleich, auf welcher Seite sie nun kämpfen, es herrschen großer Stolz und große Freude. Die fünf Brüder kommen mit einer ungewöhnlichen Bitte, und Arjuna, der Zweitälteste, beginnt zu sprechen: »Großvater Bishma, du bist der größte Feldherr und der mächtigste Wagenkämpfer. Dein Vater Schantanu gab dir wegen deiner unerschütterlichen Entschlossenheit und aus großer Dankbarkeit die Segnung, den Zeitpunkt deines Todes selbst bestimmen zu dürfen. Niemand auf Erden kann dich im Kampf besiegen. Bitte sage mir, wie ich dich töten kann. Bitte segne mich, dass ich und meine Brüder aus dieser Schlacht als Sieger hervorgehen.«

Bishma und Drona sind hoch erfreut über dieses Anliegen. Sie stimmen zu, und die fünf Pandavas erhalten die feierliche Segnung, ihre Lehrer besiegen zu dürfen – natürlich nicht kampflos, sondern in einem besonderen Kampf voller Aufgaben. Bishma sprach: »Mein lieber Arjuna. Ich bin glücklich, dich zu sehen. Dein Edelmut, deine Wahrhaftigkeit und deine Entschlossenheit, die Schwachen zu beschützen, haben dich berühmt gemacht. Ich wäre betrübt, hättest du mich nicht gefragt, denn ich bin unbesiegbar, und nur du bist würdig mich zu besiegen. Niemand kann mich töten, doch sollte mir in der Schlacht eine Frau gegenübertreten, so werde ich, wie es das Gesetz der Krieger verlangt, sofort meine Waffen niederlegen. Du und deine Brüder seid immer rechtschaffen, und deshalb werdet ihr siegen.« Arjuna berührte daraufhin wieder Bishmas Füße als Zeichen seiner Ergebenheit, und Bishma berührte Arjunas Kopf als Zeichen seines Segens. Es gehörte zum Ehrenkodex der antiken Krieger, nur mit gleichgestellten Kriegern zu kämpfen, und die Zivilbevölkerung, Frauen und Kinder zu verletzen stand außerhalb jeglicher Debatte. Letzteres galt als schwach und feige, und so war es unmöglich, dass eine Frau auch nur in die Nähe des Schlachtfeldes kommen konnte. Am sechzehnten Tag der Schlacht erfuhr jedoch Arjuna von einem Krieger, der in seinem letzten Leben eine Frau namens Amla gewesen war. Als dieser Krieger in der Schlacht vor Bishma trat, erkannte der Feldherr kraft seiner mystischen Fähigkeiten die frühere Amla, senkte seine Waffen und wurde von Arjunas Pfeilhagel so stark verwundet, dass er neben dem Schlachtfeld aufgebahrt wurde. Dort lag er noch viele Tage und gab Unterweisungen, wie zum Beispiel seine berühmten sieben Lehrreden an Yudhistira, den zukünftigen Kaiser der Welt[10].

---

10 Joachim Ickrath: Schakal und Tiger – Die sieben Lehrreden des Feldherrn Bishma an den zukünftigen Kaiser der Welt. Erschienen im Zenit und Nadir Verlag.

Feinden begegnet man nicht zufällig, sondern das Leben stellt uns vor bedeutende Aufgaben.
Wie in einer Schule erkennen wir in den Prüfungen des Lebens, wie weit wir gekommen sind, wo wir wirklich stehen und was wir vielleicht nur theoretisch verstanden haben. Wann immer Sie einem Problem oder einer unangenehmen Situation gegenüberstehen, segnen Sie die Situation und segnen Sie die daran beteiligten Personen. Sagen Sie: »Ich segne diesen Augenblick und dieses Thema.« Wie bereits in der Bibel zu lesen ist, empfiehlt es sich, alle Probleme Gott zu übergeben. Sie können daher die ganze Angelegenheit in Ihrem inneren Dialog vor der allgegenwärtigen Intelligenz ausbreiten und um Klarheit bitten. Um als ersten Schritt aus der Opferrolle herauszutreten und den Fokus auf eine Lösung zu richten, sagen Sie: »Ich bin verantwortlich.« Mit diesem starken Satz gibt es keine Möglichkeit mehr zu klagen. Untersuchen Sie dann die Fakten in einer Art Standortbestimmung und fragen Sie sich, was Sie konkret wollen.

EPILOG – EIN SEGEN FÜR DIE WELT

Herr, segne meine Tage.
Herr, segne den ersten Tag und den letzten.
Segne die Stunden, die mir vergönnt sind.
Meine Hände sollen segnen,was sie anfassen.
Meine Ohren sollen segnen, was sie hören.
Meine Augen sollen segnen, was ihnen begegnet.
Segen komme von meinen Lippen.
Mein Nachbar sei gesegnet;
möge er auch mich segnen!
Herr, lass mich nicht aus deinen Augen,
deinen Händen, deinen Ohren, deinem Herz.
An diesem Tag und alle Tage dieses Jahres.
(Irisches Volksgut, 11. Jahrhundert)

Dass der Mensch andere Lebewesen und die Natur verletzt, ist entweder zum einen die Folge seiner allgemeinen Unwissenheit oder zum anderen die Folge seiner Gedanken und Gefühle an die eigene Wertlosigkeit, die dann in Frustration, Wut, Trauer und Hass umschlagen. Doch immer ist es die Unwissenheit, die zu Leid führt, denn wüsste ein Mensch, was er tut, er würde vieles nicht tun.

Der größte Segen ist es also, nach Wissen zu streben, und das heißt vor allem nach Selbsterkenntnis. Was nützt es, zu leben und doch nicht zu wissen, wer man in Wahrheit und Wirklichkeit ist? Einst hörten wir diese schöne Lehrgeschichte: Das Selbst, der Odem bzw. Atma, also der Wesenskern eines jeden Lebewesens, gleicht einem wunderschönen Juwel. Dieses Juwel – dieser unendlich wertvolle Edelstein – ruht tief am Grunde eines Sees. Ist die Oberfläche dieses Sees ganz ruhig und glatt, so können wir das strahlende Juwel aus der Tiefe heraus leuchten sehen. Wenn das Wasser jedoch aufgewühlt ist, sich die Wellen kräuseln, wird es schwierig, und wir sehen nur hier und da ein Blitzen. Wenn die Wellen, wie im Leben, aber immer höher schlagen, weiß man bald nicht mehr, wo der Wesenskern liegt und ob es ihn überhaupt gibt. Dieser See ist das Bild für unser Bewusstsein. Nur wenn das Bewusstsein klar und ruhig ist, können wir das wahre Sein der Dinge erkennen. Nur wenn unser Geist und das materielle Ego ruhig sind, können wir unser wahres Sein erkennen. Sind wir jedoch durch Erinnerungen, Gefühle und Emotionen innerlich aufgewühlt, ja haben wir einen Tunnelblick, wird es schwierig bis unmöglich, die Wahrheit zu sehen. Vielleicht sieht man hier und da noch ein Schimmern der Wahrheit, aber sobald der Sturm des Lebens braust, kann es für sich und andere gefährlich werden.

Ihre achtsamen Gedanken sind so gesehen das Wichtigste in Ihrer Welt, denn Ihre Gedanken bestimmen Ihr Leben. Unsere Gedanken bestimmen unser Handeln und damit die Ernte in unserem Leben. Die Wellen dieses Gedanken-Meeres nennt man auf Sanskrit Vrit, und aus Vrit entwickelten sich unsere deutschen Begriffe Wort, Wert und wahr. Jeder Gedanke hat einen Wert, denn es ist der innere Dialog, der innere Logos, unsere innere Wahrheit, die uns zu dem macht, was wir sind. Sind wir liebevoll, friedlich und ein Segen für die Welt oder zerstörerisch und unwissend? Jedes Wort ist wertvoll, denn es ist schöpferisch, doch sind unsere Werte, unsere Überzeugungen, Gedanken und Worte auch ein Segen für andere?

Am Anfang war Vrit – das Wort, der Logos, und von dem griechischen Logos leiten sich die Worte Lux und Licht ab. Das wertvollste Wort ist also das Wort der Wahrheit, die alles erhellt. Lichtvolle Worte zu sprechen und zu hören sind ein Segen. Das erste Wort war alten Texten zufolge die heilige Silbe OM bzw. AUM, und unser bekanntes AMEN ist ein vokalisiertes OM. Wir bitten Sie deshalb, sich auf die Suche nach diesem OM bzw. AMEN in Ihnen selbst zu machen und Ihr Juwel im See strahlen zu lassen. Sie sind bereits gesegnet. Sich selbst und die Göttlichkeit allen Seins zu erkennen und so mit Respekt und Dankbarkeit der Natur zu begegnen ist ein großer Segen. Seien Sie ein Segen für sich und andere. Erkennen Sie den Segen dieser Welt und verbinden Sie sich mit Menschen, die sich für den Erhalt, für das Schöne, für das Liebevolle, für die Wahrheit und für die Harmonie engagieren. Kūkulu Kumuhana sind die zielgerichteten guten Wünsche einer Gruppe, und es ist der machtvolle Segen, der einmal ausgesprochen zur Erfüllung drängt. Es sind die Worte des Friedens, der Harmonie und der Liebe. Wir glauben, je mehr Menschen sich vom Negativen in Gedanken, Worten und Taten abwenden, umso mehr Frieden und Heilung werden geschehen.

Wir danken Ihnen von ganzem Herzen für Ihre persönliche Friedensarbeit und grüßen Ihre Seele.

ANHANG

GEBETE

Friedensgebet

Herr, mach mich zu einem Werkzeug deines Friedens,
dass ich Liebe übe, wo man hasst;
dass ich verzeihe, wo man beleidigt;
dass ich verbinde, wo Streit ist;
dass ich die Wahrheit sage, wo der Irrtum herrscht;
dass ich den Glauben bringe, wo der Zweifel drückt;
dass ich die Hoffnung wecke, wo Verzweiflung quält;
dass ich Licht entzünde, wo die Finsternis regiert;
dass ich Freude bringe, wo der Kummer wohnt.
Herr, lass mich trachten:
nicht, dass ich getröstet werde, sondern dass ich tröste;
nicht, dass ich verstanden werde, sondern dass ich verstehe;
nicht, dass ich geliebt werde, sondern dass ich liebe.
Denn wer da hingibt, der empfängt;
wer sich selbst vergisst, der findet;
wer verzeiht, dem wird verziehen,
und wer stirbt, der erwacht zum ewigen Leben.

(Quelle: Dr. Christian Renoux, Associate Professor an der Universität von Orleans, Frankreich, und die Franziskaner-Archive. Die älteste bekannte Quelle, die Zeitschrift »La Clochette«, stammt aus dem Jahre 1912. Seit 1927 wird dieses Gebet Franz von Assisi zugeschrieben.)

Gebet aus dem Yajur Veda

OM – Bitte, sei mir so gnädig und gebe mir einen Geist, welcher nur Gutes hört.
Mögen nur gute Dinge an meine Ohren und zu meinen Augen gelangen.
Mache meinen Körper stark und gesund, so dass ich die Kraft habe, nur glückverheißende und göttliche Dinge zu sprechen.
Lass die Aussagekraft meiner Worte immer bestätigt werden, und bitte gib mir ein langes Leben, damit ich lange genug deine Tugenden lobpreisen kann.
Bitte gewähre mir die Gelegenheiten, über dich nachsinnen zu können und dich mit Gebeten zu besingen.
Ich bitte dich um einen ruhigen Geist und die Kraft der Konzentration, so dass ich in allen Zeiten unerschütterlich bleiben kann und fähig bin, über tiefgründige Themen nachzudenken.

(Aruna Prasna aus dem Krishna Yajur Veda)

Gebete von Dr. Diethard Stelzl

I

Geliebtes Hohes Selbst, ich danke dir dafür, dass du mich immer so führst, dass ich in jedem Moment und in jeder Hinsicht in meinen Gedanken, Gefühlen, Worten und Taten unseren gemeinsamen kosmischen Plan auf optimale Art und Weise erfülle.
Ich bin jetzt offen für die höhere Einsicht im Hinblick auf die optimale Erfüllung meines Lebenssinns und offen, meinen kosmischen Plan zu empfangen.

II

Ich liebe dich, Urquelle allen Seins, und danke dir von ganzem Herzen für mein Leben. Ich liebe die Welt, ich liebe die Erde, ich liebe die Menschen, ich liebe die Natur, ich liebe alles Sein. Ich liebe mich. Ich liebe mich, so wie ich bin. Mit allen meinen Schwächen und allen meinen Stärken nehme ich mich an, so wie Gott mich annimmt. Ich liebe mich. Ich bin es wert, geliebt zu werden. Von anderen, aber vor allem von mir selbst, denn nur aus der Liebe zu mir kommt die Liebe zu dir und zu allem Sein im Universum.

Tischgebete und Bitten um den Segen aus verschiedenen Quellen

Guter Gott, durch deine Güte leben wir, und was wir haben, kommt von dir. Drum lass uns auch an andre denken, von deinen Gaben weiter-schenken.
Amen.

★

Komm, lieber Jesus, und sei unser Gast.
Bitte segne dieses Haus und alles, was du uns gegeben hast.
Amen.

★

Vater aller Gaben, alles, was wir haben, alle Frucht im weiten Land, ist Geschöpf in deiner Hand. Hilf, dass nicht der Mund verzehret, ohne dass mein Herz dich ehret, was uns deine Hand beschert.
Amen.

★

Jedes Tierchen hat sein Essen, jedes Blümlein trinkt von dir. Hast auch uns nicht vergessen, lieber Gott, wir danken dir.
Amen.

★

Du hast uns als Menschen geschaffen, damit wir einander helfen im Leben. Du hast Nahrung geschaffen, um uns dadurch Energie zu geben. Für deine Gegenwart an diesem Morgen, für allen Segen, offen und verborgen, für diese Speis sei dir Lob und Preis.
Amen.

SEGENSSPRÜCHE

Der Gott aber des Friedens sei mit euch allen! Amen.
(Römerbrief 15,33.)

Gnade sei mit euch und Friede von Gott, unserm Vater,
und dem Herrn Jesus Christus.
(1. Korintherbrief 1,3.)

Die Gnade unseres Herrn Jesus Christus und die Liebe Gottes und die Gemeinschaft des heiligen Geistes sei mit euch allen! Amen.
(2. Korintherbrief 13,13.)

Und der Friede Gottes, welcher höher ist denn alle Vernunft, bewahre eure Herzen und Sinne in Christo Jesu!
(Philipperbrief 4,7.)

Irisches Volksgut, 11. Jahrhundert

Herr, segne den ersten Tag und den letzten.
Segne die Stunden, die mir vergönnt sind.
Meine Hände sollen segnen,was sie anfassen.
Meine Ohren sollen segnen, was sie hören.
Meine Augen sollen segnen, was ihnen begegnet.
Segen komme von meinen Lippen.
Mein Nachbar sei gesegnet;
möge er auch mich segnen!
Herr, lass mich nicht aus deinen Augen,
deinen Händen, deinen Ohren, deinem Herz.
An diesem Tag und alle Tage dieses Jahres.

WORTERKLÄRUNGEN

Ahimsa – Sanskrit: Gewaltfreiheit
Aka – hawaiianisch: Essenz, Seil, Geschmack
Akua – hawaiianisch: Gott, Gottheit
Aloha – hawaiianisch: Liebe
Atman – Sanskrit: das Selbst
Aumakua – hawaiianisch: die Ahnen, Gott, das Überbewusstsein, das Höhere Selbst
Ayur – Sanskrit: Leben
Bhakti – Sanskrit: Liebe, Hingabe
Brahma – Sanskrit: Schöpfergott
Brahman – Sanskrit: Urquelle, spirituelle Identität
Chakra – Sanskrit: Rad, Energiezentrum
Darshan – Sanskrit: Blickkontakt
Dharma – Sanskrit: Aufgabe, Eigenschaft
Fulla – skandinavisch: Göttin der Fruchtbarkeit
Haku – hawaiianisch: Authorität
Hala – hawaiianisch: Problem
Ho'oponopono – hawaiianisch: die Dinge wieder richtig stellen
Ike – hawaiianisch: Bewusstsein
Janardana – Sanskrit: Gott, Freund aller Lebewesen
JHWH – hebräisch: Gott, der Schöpfer

Jyoti Shastra – Sanskrit: die Schriften des Lichts
Kala – hawaiianisch: Freiheit, Verzeihen
Kama – Sanskrit: Begierde
Kanaka Makua – hawaiianisch: reife Persönlichkeit
Kane – hawaiianisch: Mensch
Karma – Sanskrit: Reaktionen
Ke – hawaiianisch: der, die, das
Ki – hawaiianisch: Vitalenergie
Krishna – Sanskrit: Gott, der Allanziehende
Ksatriya – Sanskrit: Krieger
Kūkulu Kumuhana – hawaiianisch: zielgerichtete spirituelle Kraft
La'akea – hawaiianisch: göttliches Licht
Mahiki – hawaiianisch: Diskussion, Schälen einer Zwiebel
Mana – hawaiianisch: Energie
Mana Loa – hawaiianisch: Energie des Lichts
Mana Mana – hawaiianisch: Willenskraft
Manawa – Sanskrit: Zeitpunkt der Kraft
Manu – Sanskrit: Vater der Menschheit
Mihi – hawaiianisch: Zurückgeben
Mir – russisch: Frieden
Odem – hebräisch: der Atem des Schöpfergottes, die Seele
Ohana – hawaiianisch: Familie, Stamm
Piha pono wai wai – hawaiianisch: Gesetz der Fülle
Piku – hawaiianisch: Energiezentrum (Chakra)
Pono – hawaiianisch: flexibel, richtig
Prasad – Hindi: Barmherzigkeit
Pule – hawaiianisch: Gebet

Rishi – hindi: großer Weiser
Sufi – persisch: Gottessucher
Tejas – Sanskrit: Ausstrahlung, feurige Energie im Körper
Tutu – hawaiianisch: Lehrer
Uhane – hawaiianisch: das Mittlere Selbst
Unihipili – hawaiianisch: das Untere Selbst
Veda – Sanskrit: Wissen
Vishnu – Sanskrit: Gott, der alles erhält
Wai-Wai – hawaiianisch: großes fließendes Wasser

DIE AUTOREN

Andrea Bruchacova, Jahrgang 1965, ist Dipl. Sportwissenschaftlerin, Dipl. Physiotherapeutin, Yoga-, Ayurveda- und Ho'oponopono-Lehrerin. Seit zwanzig Jahren erforscht sie antike Sanskrit-Texte in den Bereichen Ayurveda, Vastu und Yoga-Psychologie, um dieses Wissen über die Kunst des Lebens den Menschen wieder zugänglich zu machen.

Ulrich Emil Duprée, Jahrgang 1962, ist spiritueller Forscher unter anderem mit Studium in christlicher und fernöstlicher Philosophie, Yoga und Metaphysik. Mit ausgedehnten Studienreisen lebte er unter anderem in einem Hindu-Kloster. Seit einer mystischen Einweihung durch eine Kahuna lehrt er Ho'oponopono.

DANK

Ich bin der Urquelle allen Seins dankbar, welche mich in jenen schwierigen Zeiten, da ich Angst vor dem Sterben hatte, so führte, dass ich begann, die Geheimnisse des Lebens zu entschlüsseln. Ich bin dankbar für die göttliche Führung bei allen meinen Entscheidungen. Ich bin für mein Erinnerungsvermögen dankbar, das Gehörte und Gelesene für mich zu verstehen. Ich bin dankbar, dass mir immer die richtigen Lehrer zur richtigen Zeit geschickt wurden. Ich bin dankbar für die göttliche Kraft der Entschlossenheit, das Gelernte ausprobieren zu wollen, damit ich eigene Schlussfolgerungen ziehen kann. Ich bin dankbar für die göttliche Unterstützung, den Mut zu haben, mein Wissen mit anderen zu teilen.

Andrea Bruchacova

In diesem Buch danke ich meinen Eltern, die mich lehrten freundlich, bescheiden und ehrlich zu sein. Ich danke einem Mitschüler in der zwölften Klasse, Norbert, genannt Nobs, der mir zeigte, wie man selbst im Trubel noch konzentriert arbeitet. Ich danke Haleaka Iolani Pule, Dr. Diethard Stelzl, allen Freunden und schließlich all meinen geistigen Lehrern auf der ganzen Welt in Vergangenheit, Gegenwart und Zukunft, die ihr Wissen und ihre Liebe mit mir teilten. Ich danke Swami Sacinandana, der mich lehrte Geschichten zu erzählen. Ich danke Gott. Danke, danke, danke.

Ulrich Duprée